Bibliografische Information der Deutschen Nationalbibliothek:

Die Deutsche Nationalbibliothek verzeichnet diese Publikation in der Deutschen Nationalbibliografie; detaillierte bibliografische Daten sind im Internet über http://dnb.d-nb.de abrufbar.

Impressum:

Copyright © 2016 Studylab

Ein Imprint der GRIN Verlag, Open Publishing GmbH

Druck und Bindung: Books on Demand GmbH, Norderstedt, Germany

Coverbild: ei8htz

Tobias Tzschaschel

Subkultur-Unternehmertum

Subkultur als Nährboden für unternehmerisches Denken und Gründungen in der Kreativwirtschaft

Abstract

Diese Arbeit beschreibt in explorativer Weise Unternehmertum in der Kultur- und Kreativwirtschaft, das seine Wurzeln in der Subkultur hat. Es wird beschrieben, wie der gesamtgesellschaftliche Trend zur Individualisierung sowie veränderte strukturelle Arbeitsbedingungen in der Kultur- und Kreativwirtschaft einen neuen Typus von Kulturunternehmer hervorgebracht haben der Selbstverwirklichung in der Arbeit sucht und häufig unter prekären Existenzbedingungen lebt. In einem zweiten theoretischen Schritt wird die Entwicklung der subkulturellen Theorie von den in der Kriminologie beheimateten ersten Studien der „Chicagoer Schule" über die wegweisenden jugendkulturellen Untersuchungen am Centre for Contemporary Cultural Studies in Birmingham hin zu einer ästhetischen Theorie der Subkultur gezeichnet. Dabei kristallisiert sich für diese Arbeit ein Subkultur-Begriff heraus, der den Fokus auf ästhetische Produktion von „Kultur"-Produkten und -Prozessen sowie auf eine Abgrenzung vom kulturellen „Mainstream" legt. Anhand des Konzepts des „subkulturellen Kapitals" und des Konzepts vom „Lernen in Szenen" wird schließlich gezeigt, wie sich Akteure der Subkultur innerhalb ihrer Subkultur Kompetenzen aneignen, die sie innerhalb wie außerhalb der Subkultur zur ökonomischen Existenzgründung einsetzen können. Darauf aufbauend wird schließlich der Begriff des Subkultur-Unternehmers eingeführt. Subkultur-Unternehmer sind neue Kulturunternehmer deren Prozess der Wertschöpfung weitestgehend auf dem Einsatz von „subkulturellem Kapital" beruht. Im empirischen Teil dieser Arbeit werden anhand von qualitativen Leitfadeninterviews mit „Subkultur-Unternehmern" drei Fälle miteinander verglichen, die Lebenswirklichkeit, Einstellungen, Entwicklung, Handeln und Selbsteinschätzung von „Subkultur-Unternehmern" verdeutlichen und in explorativer Weise die Beschreibung dieses neuen Sozialraum-Typus mit Leben füllen. Dazu wurden Interviews mit der Zwischennutzungs-Expertin Zerah Spindler, dem Grafik-Designer und Skateboarder Michael Wiethaus und dem Musiker, Autor, Festival-Veranstalter und Musikjournalisten Florian Kreier geführt uns ausgewertet.

Inhaltsverzeichnis

1. Einleitung

Im November 2013 veröffentlichte die Bayerische Staatskanzlei einen von einer Expertengruppe um den ehemaligen McKinsey-Unternehmensberater und Honorarprofessor der Fakultät der Betriebswirtschaft an der LMU München, Prof. Dr. Herbert Henzler, herausgegebenen Bericht zur Gründungsaktivität von Start-Ups in Bayern. Darin heißt es: „Vor allem im Kreativbereich muss dem Thema ‚Subkulturen' mehr Bedeutung zugemessen werden. Für diese muss die Netzwerkbildung und Clusterung durch ein Angebot von geeigneten Räumlichkeiten, Events und Unterstützungsstrukturen gefördert werden (Henzler 2013, S.34)." Subkultur scheint also heute ein Feld zu sein, in dem auch die Politik nicht zu unterschätzende wirtschaftliche Potenziale und Entwicklungschancen sieht. Im krassen Gegensatz dazu konstatierte der Soziologe und Subkulturforscher Rolf Schwendter im Jahr 1971: „Die Soziologie der Herrschenden kann Subkultur so gut wie ausschließlich als Abweichung verstehen, als etwas, was zurechtgebogen werden muß, als ‚Anomie', ‚Anpassungsschwierigkeiten', ‚Statusunsicherheit', ‚Desintegration' (Schwendter 1971, S.19)."

Die öffentliche Wahrnehmung von Subkultur scheint sich also grundlegend verändert zu haben. Wurden Subkulturen einst als rebellische Gegenkulturen gesehen, die mit ihren von der Norm abweichenden Wertesystemen subversiv auf eine Gesellschaft einwirken, erkennen sowohl Politik als auch Ökonomie heute die Innovations- und somit auch wirtschaftlichen Potenziale der Subkultur. An dieser Schnittstelle zwischen Subkultur und Ökonomie setzt diese Arbeit an. Sie soll die leitende Forschungsfrage beantworten, inwieweit Subkultur Nährboden für Unternehmensgründungen in der Kultur- und Kreativwirtschaft sein kann. Dabei soll das bisher wenig beleuchtete Forschungsfeld des subkulturellen Unternehmertums explorativ aufgeschlossen werden. So soll die Arbeit dazu beitragen, das Erkennen subkultureller Potenziale zu fördern sowie das Bewusstsein der Akteure der Subkultur selbst dafür zu schärfen, welchen Wert ihr „subkulturelles Kapital" hat. Zudem soll auch kritisch auf die sozialen und ökonomischen Rahmenbedingungen eingegangen werden, die Mikro-Unternehmer in der Kultur- und Kreativwirtschaft in den Spagat zwischen individualistischer Selbstverwirklichung und prekärer Lebensführung zwingen.

Damit wird an eine kleine Zahl von wissenschaftlichen Arbeiten angeknüpft, die sich ebenfalls mit dem Spannungsfeld Subkultur/Ökonomie befassen. Die Arbeit steht in einer klaren Linie mit der Forschung von Sarah Thornton, die Anhand subkultureller Codes und subkultureller Ästhetik in den Club-Szenen Großbritanniens den Begriff des „subkulturellen Kapitals" einführt (Thornton 1995; Thornton 1997). Hervorzuheben sind außerdem die Arbeiten von Angela McRobbie, die bei der Analyse von Second-Hand-Shops subkulturelles Unternehmertum ausmacht (McRobbie 1997) und die Entwicklung der Akteure der Rave- und Techno-Szene Großbritanniens „vom Club zum Unternehmen" aufzeigt. Einen ähnlichen Forschungsgegenstand behandelt Bastian Lange, der mit dem Fokus auf Raum-Aneignung zeigt, wie tief in der Subkultur verwurzelte „Culturepreneurs" das Bild des „hippen" Berlin formen (Lange 2007). Interessant sind weiterhin die Arbeiten von Ingo Bader, der am Beispiel der Berliner Musikindustrie aufzeigt, wie Trends, Codes und Akteure der Subkultur die Kulturindustrie beeinflussen und formen (Bader 2005) und von Mathias Scheicher, der aufzeigt, wie sich Akteure der Subkultur Punk innerhalb der Subkultur Kompetenzen aneignen die den Akteuren auch berufliche Perspektiven bieten können (Scheicher 2008).

In einem ersten Schritt dieser Arbeit wird beschrieben, wie der gesamtgesellschaftliche Trend zur Individualisierung sowie veränderte strukturelle Arbeitsbedingungen in der Kultur- und Kreativwirtschaft einen neuen Typus von „Kulturunternehmer (vgl. Mandel 2007; McRobbie 2001)", einen „Culturepreneur (Klarmer 2011; Lange/Von Streit/Hesse 2011)" hervorgebracht haben. Darunter versteht man „Kleinst- und Kleinunternehmer der Kulturwirtschaft, die jenseits der Global Player des Kultur- und Medienmarktes und jenseits traditioneller Kulturberufe, wie etwa Künstler, Designer oder Architekten, neue Dienstleistungen entwickelt haben, mit denen sie sich auf dem Markt behaupten (Mandel 2007, S.7)."

In einem zweiten theoretischen Schritt wird dann die Entwicklung der subkulturellen Theorie von den in der Kriminologie beheimateten ersten Studien der „Chicagoer Schule" über die wegweisenden jugendkulturellen Untersuchungen am Centre for Contemporary Cultural Studies in Birmingham hin zu einer ästhetischen Theorie der Subkultur gezeichnet. Dabei kristallisiert sich für diese Arbeit ein Subkultur-Begriff heraus, der den Fokus auf ästhetische Produktion von kulturellen Produkten und Prozessen sowie auf eine Abgrenzung vom kulturellen „Mainstream" legt.

Anhand des Konzepts des „subkulturellen Kapitals", das Sarah Thornton (vgl. Thornton 1995) in Bezug auf Pierre Bourdieus Theorie des „kulturellen Kapitals (vgl. Bourdieu 1982)" entwickelt hat und in Anschluss an Ronald Hitzlers Konzept vom „Lernen in Szenen (Hitzler/Pfadenhauer 2008)" wird schließlich gezeigt wie sich Akteure der Subkultur innerhalb ihrer Subkultur Kompetenzen aneignen, die sie innerhalb wie außerhalb der Subkultur zur ökonomischen Existenzgründung einsetzen können.

Darauf aufbauend wird schließlich der Begriff des Subkultur-Unternehmers eingeführt. Subkultur-Unternehmer sind „neue Kulturunternehmer (vgl. Mandel 2007)", deren Prozess der Wertschöpfung weitestgehend auf dem Einsatz von „subkulturellem Kapital" beruht.

Im empirischen Teil dieser Arbeit werden Anhand von qualitativen Leitfadeninterviews mit „Subkultur-Unternehmern" drei Fälle miteinander verglichen, die Lebenswirklichkeit, Entwicklung, Handeln und Selbsteinschätzung von „Subkultur-Unternehmern" verdeutlichen sollen und in explorativer Weise die Beschreibung dieses neuen Sozialraum-Typus mit Leben füllen. Dazu wurden Interviews mit der Zwischennutzungs-Expertin Zerah Spindler, dem Grafik-Designer und Skateboarder Michael Wiethaus und dem Musiker, Autor, Festival-Veranstalter und Musikjournalisten Florian Kreier geführt uns ausgewertet.

Abschließend soll ergänzend Anhand eines Gesprächs mit Jürgen Enninger und Frau Mitterer vom Kompetenzteam Kultur- und Kreativwirtschaft der Stadt München eine Kultur- und wirtschaftspolitische Perspektive auf Subkultur-Unternehmertum aufgezeigt werden. Dabei soll, auf den eingangs erwähnten Bericht der Bayerischen Staatskanzlei „Start-Ups in Bayern" bezugnehmend die Frage gestellt werden: Ist Förderung der Subkultur Förderung der Kultur- und Kreativwirtschaft?

2. Subkulturelles Kapital und Subkultur-Unternehmertum in der Kreativwirtschaft

Im folgenden theoretischen Teil dieser Arbeit wird die These verhandelt, es gäbe einen neuen Typus des Subkultur-Unternehmers, der sein subkulturelles Kapital einsetzt um eine ökonomische Existenz aufzubauen. Bevor allerdings die Rolle der Subkultur als Nährboden für Unternehmensgründungen in der Kultur- und Kreativwirtschaft beschrieben werden kann, muss zunächst das Konzept des „neuen Unternehmertums" in der Kreativwirtschaft beschrieben werden.

2.1. Neues Unternehmertum in der Kreativwirtschaft

Die Bühne auf der die „neuen Kulturunternehmer" agieren ist die Kultur- und Kreativwirtschaft. In der Folge soll zunächst ein Überblick über die Definitionen und Statistiken dieses stetig an Bedeutung gewinnenden Wirtschaftszweigs gegeben werden. Sodann werden die strukturellen Merkmale beschrieben, die zur Herausbildung der „neuen Kulturunternehmer" geführt haben.

2.1.1. Die Kreativwirtschaft – Statistiken einer Boom-Branche

Womit haben wir es zu tun wenn wir von der Kultur- und Kreativwirtschaft sprechen? Die Ad-hoc Arbeitsgruppe Kulturwirtschaft der Wirtschaftsminister-konferenz hat im Jahr 2008 eine Definition vorgelegt, die heute einheitlich in den staatlichen Kreativwirtschaftsberichten Verwendung findet und die auch in der Forschung Konsens geworden ist. Sie definiert die Kultur- und Kreativwirtschaft wie folgt: „Unter Kultur- und Kreativwirtschaft werden diejenigen Kultur- und Kreativunternehmen erfasst, welche überwiegend erwerbswirtschaftlich orientiert sind und sich mit der Schaffung, Produktion, Verteilung und/oder medialen Verbreitung von kulturellen/kreativen Gütern und Dienstleistungen befassen (Wirtschaftsministerkoferenz 2009, S.5)."

Weiterhin führt die Wirtschaftsministerkonferenz eine Abgrenzung der Kultur- und Kreativwirtschaft nach Teilmärkten ein. Demnach gehören zur Kultur- und Kreativwirtschaft: Musikwirtschaft, Buchmarkt, Kunstmarkt, Filmwirtschaft, Rundfunkwirtschaft, Markt für darstellende Künste, Designwirtschaft, Architekturmarkt, Pressemarkt, Werbemarkt und Software/Games-Industrie (vgl. Wirtschaftsministerkonferenz 2009, S. 6).

In einem Forschungsgutachten der Bundesregierung aus dem Jahr 2009 wird außerdem der „schöpferische Akt, als zentrales Element der Kultur- und Kreativwirtschaft betont. „Der wirtschaftlich verbindende Kern jeder kultur- und kreativwirtschaftlichen Aktivität ist der sogenannte schöpferische Akt. Damit sind alle künstlerischen, literarischen, kulturellen, musischen, architektonischen oder kreativen Inhalte, Werke, Produkte, Produktionen oder Dienstleistungen gemeint, die als wirtschaftlich relevanter Ausgangskern den elf Teilmärkten zugrunde liegen (Bundeministerium für Wirtschaft und Technologie 2009, S.3)." Ebenso wird die Unterscheidung vom öffentlich finanzierten Kultursektor betont: „Nicht zu diesem Kreis zählen all jene Unternehmen, Einrichtungen oder sonstigen vereinsartigen Formen, die sich weitgehend nicht durch den Markt finanzieren, sondern durch öffentliche Finanzierung getragen, durch Gebührenfinanzierung unterhalten oder durch gemeinnützige Gelder bzw. private Geldgeber gefördert werden (BMWi 2014, S.2)."

Das Bundesministerium für Wirtschaft und Energie veröffentlicht jährlich ein Monitoring der wichtigsten Kennzahlen der Branche. Der aktuellste Bericht analysiert die statistischen Daten des Jahres 2013 und weist die Kultur- und Kreativwirtschaft als gesamtwirtschaftlich hoch relevanten Wachstumsmarkt aus:

„Im Jahr 2013 sind in der Kultur- und Kreativwirtschaft schätzungsweise rund 249 Tausend Unternehmen tätig, die zusammen ein Umsatzvolumen von 145 Milliarden Euro erwirtschaften. Dies entspricht einem Anteil von 7,56 Prozent aller Unternehmen, die einen Anteil von 2,36 Prozent am gesamtwirtschaftlichen Umsatzvolumen erzielen. Im Jahr 2013 liegt die Kernerwerbstätigkeit in der Kultur- und Kreativwirtschaft somit bei rund 1.039.000 Erwerbstätigen. Berücksichtigt man zusätzlich die 352 Tausend geringfügig Beschäftigten und die 201 Tausend geringfügig Tätigen (Selbständige und Freiberufler mit einem Jahresumsatz unter 17.500 Euro), dann ergibt sich für das Jahr 2013 eine Gesamterwerbstätigenzahl in Höhe von rund 1,59 Millionen (BMWi 2014, S.4)."

Interessant für diese Arbeit ist dabei der hohe Anteil von Selbstständigen und Kleinunternehmen: „Die Branchenstruktur der Kultur- und Kreativwirtschaft ist durch eine hohe Anzahl von Klein- und Kleinstunternehmen gekennzeichnet. (BMWi 2014, S.4)." „Knapp 78 Prozent der neu gegründeten Kultur- und Kreativunternehmen werden als Ein-Personen-Unternehmen gegründet, d.h. sie beschäftigen im ersten Geschäftsjahr auch keine weiteren Mitarbeiter als den Gründer selbst (BMWi 2014, S.16)." Diese überproportional große Anzahl an Mikro-Unternehmen steht im Fokus dieser Arbeit und wird in den nächsten beiden Kapiteln strukturell durchleuchtet.

Die Kultur- und Kreativwirtschaft trägt „65,3 Milliarden Euro und somit 2,32 Prozent zur gesamten Bruttowertschöpfung bei (BMWi 2014, S.4)". Die wichtigsten Kennzahlen der Branche steigen jährlich an und sind Anzeichen für die wachsende Bedeutung der Branche. „Insgesamt stieg die Anzahl der Unternehmen um 1,18 Prozent gegenüber dem Vorjahr an, die Umsätze stiegen um 1,36 Prozent und die Bruttowertschöpfung um 2,55 Prozent. Somit setzt sich der positive Trend der Eckdaten für die Branche, der seit dem Krisenjahr 2009 zu beobachten ist, weitgehend fort (BMWi 2014, S.4)."

Statistiker und Wirtschaftspolitiker zeichnen also das Bild einer Wachstumsbranche die eine „bedeutsame Rolle für den Standort Deutschland insgesamt" innehat und außerdem einen „Ausgangspunkt für Innovation" darstellt (vgl. BMWi 2012, S.2). Außerdem wird die Bedeutung der Kulturwirtschaft als weicher Standortfaktor und Imageträger einer meist urbanen Region betont: „Einerseits hat die Akkumulation von kulturellen Einrichtungen und ‚kulturellem Kapital' an einem Ort einen positiven Einfluss auf die Ansiedlungspolitik ortsungebundener Dienstleistungsökonomien. Andererseits avancieren die Cultural Industries unter diesem Blickwinkel zu einer sozial-kulturellen Einbettungs- und Attraktorstruktur für weitere technische, gewerbliche und wissenschaftliche Wissensträger (Lange 2007, S. 32)."

Aber woher kommt die hohe Anzahl an Selbstständigen und Klein- und Kleinstunternehmen in der Kreativwirtschaft? Was verbirgt sich hinter den zahlreichen „geringfügig Beschäftigten" und „geringfügig Tätigen", die die Kulturbranche bevölkern und in hohem Maße für ihre Wertschöpfung verantwortlich sind? Die Struktur der Kreativwirtschaft ist stark geprägt von einem modernen Geist des Individualismus, von neuen Formen flexibler Arbeitsorganisation und von selbstverwirklichungs-orientierten Lebens- und Berufsentwürfen. Diese strukturellen Merkmale der Kultur- und Kreativwirtschaft sollen in der Folge beschrieben werden.

2.1.2. Individualisierung, Flexibilität, prekäre Existenz, Selbstständigkeit – Strukturelle Merkmale der Kreativwirtschaft

Richard Floridas Bestseller „The Rise of the Creative Class" ist das vielleicht meistdiskutierte Buch zur Kultur- und Kreativwirtschaft. Florida erhebt darin die Kreativität zum „key factor in our economy and society (Florida 2012, S.5)". Für ihn geht dieser Entwicklung eine massive Veränderung von gesellschaftlichen Werten und Normen voraus. Im Zentrum dieser Veränderung: der Individualismus. „Members of the Creative Class exhibit a strong preference for individuality and self-expression. They are reluctant to conform to organizational or institutional directives and resist traditional group-oriented norms (Florida 2012, S.56)."

Auch andere Autoren sehen den Individualismus als Basis der Herausbildung der strukturellen Merkmale der Kreativwirtschaft. Unsere Kultur habe momentan kaum überzeugende Ausweichmodelle zum Individualismus zu bieten konstatiert beispielsweise Jan Verwoert. „Der Manager eines globalen Großkonzerns wird sich mit jedem Globalisierungsgegner aus der Subkultur darauf einigen können, Individualist zu sein, weltoffen, flexibel und mobil zu leben, sich mithilfe des Internets zu informieren und organisieren etc. (Verwoert 2003, S.8)." So sieht Verwoert das Ideal „einer durch selbstbestimmte Arbeit begründeten individuellen Freiheit (Verwoert 2003, S.7)" vor allem von den Akteuren der Kreativwirtschaft ausgelebt, die nach Selbstverwirklichung und Selbstbestimmung in Beruf und Privatleben streben und so die Grenzen zwischen beiden Sphären immer mehr verwischen.

Für Angela McRobbie ist die Individualisierung der Prozess, „in dem Strukturen wie der Wohlfahrtsstaat zu verschwinden scheinen und nicht mehr länger die erwarteten Funktionen übernehmen und in dem jeder Einzelne das aufgebürdet bekommt, was früher einmal Verantwortung und Zuständigkeit der Gesellschaft war (McRobbie 2001, S.280)". Der moderne Individualist tauscht nach McRobbie traditionelle Familienwerte, soziale Klassen und Gemeinschaften gegen eine neoliberale Ökonomie, die Selbstverwirklichung in der Arbeit verspricht. Für sie wird „Arbeit als Symbol kultureller Identität immer wichtiger (McRobbie 2001, S.280)".

Designer, Musiker, Grafiker, Architekten, Journalisten, Autoren – für einen Großteil der Ausübenden kreativer Berufe sind Arbeit und Selbstverwirklichung also untrennbar. „Arbeit wurde neu definiert, um den Bedürfnissen und Anforderungen einer Generation zu entsprechen, die, losgelöst von traditionellen Bindungen, der Auffassung ist, Arbeit müsse das eigene Ich verwirklichen helfen (McRobbie 2001, S.282)." Dabei soll zugleich ein hohes Maß an Freiheit in der Gestaltung der eigenen Arbeitsprozesse gegeben sein und ein nicht nur monetär sondern auch durch sozialen Status und Prestige getriebenes Entlohnungssystem. „Die eigene Arbeit selbst zu organisieren, heißt, sich die Freiheit zu nehmen, die Ziele der eigenen Produktion selbst zu definieren, die Ergebnisse selbst zu verantworten und die Früchte der eigenen Arbeit selbst zu genießen (Verwoert 2003, S.14)."

Mit der Entstehung dieser neuen Werte geht die Entstehung einer ganzen Reihe neuer Arbeitsprozesse einher, die in der Kultur- und Kreativwirtschaft sozusagen ihr Experimentierfeld, ihr Laboratorium gefunden haben. Hochflexible, „temporäre, projektorientierte Arbeit (Reither 2008, S.164)" ist Branchenstandard, die gleichzeitige Ausübung von mehreren Jobs ist üblich, informelles Networking, das tief in den persönlichen Sozialraum hineinreicht, ist unabdingbar für das Akquirieren neuer Aufträge und das Knüpfen möglicher Kundenkontakte (vgl. McRobbie 2001 S.281).

Diese neue Form auf individualistischen Werten beruhender, selbstverwirklichungs-orientierter Arbeitsgestaltung geht für die Mitglieder der kreativen Klasse aber mit einer ganzen Reihe von Unsicherheiten einher. „Ihre Arbeitsverhältnisse sind prekär, ihre Zukunftsaussichten unklar und ihr Einkommen kaum durch Standards abgesichert (Verwoert 2003, S.12)." Hier setzt auch die Kritik an einer individualistischen Arbeitskultur an. So konstatiert beispielsweise Matthias Eutenauer in seiner Studie „Unternehmerisches Handeln und romantischer Geist": „Nicht der künstlerische, kreative Mensch ist es hier, der nach Chancen der Selbstverwirklichung in der Ökonomie sucht, die Ökonomie bemächtigt sich vielmehr des ganzen Menschen mitsamt seiner Kreativität (Eutenauer 2011, S.25)."

McRobbie beklagt in ähnlichem Duktus: „Das Kapital findet neue Wege, sich seiner Verantwortung für die Arbeitnehmer zu entziehen, wobei sich die Arbeitnehmer diesem Rückzug des Kapitals nicht mehr als traditionelle und organisierte Arbeiterschaft entgegenstellen (McRobbie 2001, S.280)". Verwoert spitzt dies weiter zu indem er die Frage stellt, „ob die Freiheit, die im Namen des Ideals vom unternehmerischen Individualisten versprochen wird, real einlösbar ist, oder ob im Windschatten des Freiheitsversprechens in Wahrheit die Grundlage sozialer Gerechtigkeit zerstört und der Zwang zur Leistung erhöht wird (Verwoert 2003, S.15)?"

Zusammenfassend kann konstatiert werden: Ein neuer individualistischer Wertekanon prägt die Kultur- und Kreativwirtschaft. Ihre Akteure streben nach Selbstverwirklichung in der Arbeit und nehmen dafür auch prekäre Existenzbedingungen und fehlende soziale Sicherungssysteme in Kauf. Projektbezogene Arbeit, kaum Festanstellungen und zeitliche wie räumliche Flexibilität der Arbeitskraft prägen die Branche.

Somit bietet die Kultur- und Kreativwirtschaft „den idealen Nährboden für die vermutete Ausbildung einer neuartigen kulturellen Vorstellung des Arbeitssubjektes, in dem künstlerische und unternehmerische Kompetenzen zu einem ästhetisch-expressiven Arbeits- und Lebensstil amalgamiert werden (Entenauer 201, S.53).“ Dieses „neue Arbeitssubjekt“ wird „Kulturunternehmer“ oder „Culturepreneur“ genannt. In der Kultur- und Kreativwirtschaft ist eine überproportional hohe Gründungsaktivität erkennbar. 13 Prozent aller Existenzgründungen in Deutschland sind der Kreativwirtschaft zuzurechnen, pro Jahr machen sich etwa 100.000 bis 120.000 Personen in der Kreativwirtschaft selbstständig (vgl. KFW 2011). Dies spiegelt sich auch in der enorm hohen absoluten und relativen Zahl von Selbstständigen in der Kultur- und Kreativwirtschaft wider: „Mit einem Umfang von rund 480.000 Selbstständigen beträgt ihr Anteil im Kultursektor rund 32 Prozent und umfasst damit nahezu ein Drittel der Erwerbstätigen des gesamten Kultursektors. Im Vergleich zu allen Erwerbstätigen ist dort der Selbstständigenanteil mit etwas mehr als einem Zehntel deutlich geringer ausgeprägt (Söndermann 2012, S.14).“

Eine ganze Reihe von Autoren hat einen neuen Typus des Unternehmers als treibende Kraft dieser Entwicklung ausgemacht (McRobbie 2001, Ellmeier 2003, Verwoert 2003, Lange 2007/2011, Mandel 2007, Reither 2008, Hesse 2011, Klamer 2011). In der Folge sollen die wichtigsten Ansätze zu einem Bild des neuen Kulturunternehmers zusammengefügt werden.

2.1.3. Die neuen Kulturunternehmer

„Finde einen billigen Ort, sorge für Musik, Getränke, Video- und Kunstinstallationen, kassiere von Freunden und anderen am Eingang ab, lerne mit der Polizei und den Behörden zu verhandeln, gründe und fördere Clubs und werde somit Kulturunternehmer (McRobbie 2001, S.281).“ So provokant lapidar formuliert die britische Kulturwissenschaftlerin Angela McRobbie in ihrer Studie „Vom Club zum Unternehmen“ den Prozess der Gründung in der Kultur- und Kreativwirtschaft um dann etwas ernsthafter zu konstatieren: „Man könnte sagen, dass die Durchdringung des kulturellen Bereichs durch unternehmerisches Denken und Handeln extrem fortgeschritten ist (McRobbie 2001, S.287).“

McRobbie sieht daher die Kreativwirtschaft als ein Experimentierfeld für eine postindustrielle, postfordistische Industrie, die von einem utopischen Grundgedanken junger Menschen getragen wird, die voller Sehnsucht nach einem Leben jenseits der Arbeitstage von neun bis fünf, nach einem Leben voller Begeisterung und Freude in die vermeintlich frei gestaltete Selbstständigkeit gehen (vgl.

McRobbie 2001, S.283). McRobbie entlarvt diese Utopie aber umgehend mit dem Verweis auf fehlende Sozialversicherungen, unbezahlbar hohe Kosten der Privatversicherungen, nicht überschaubare soziale Folgen eines völlig individualisierten und an Netzwerken orientierten kreativen Arbeitsmarktes und fehlenden Strategien im Umgang mit dem „eigenen" Postfordismus (McRobbie 2001, S,287). Sie geht sogar so weit zu behaupten, für eine ganze Generation junger Menschen entstünde „das bittere Gefühl von Vergänglichkeit, Unbeständigkeit und sogar Einsamkeit (McRobbie 2001, S.289)."

Einen weit weniger kritischen dafür definitorisch präziseren Ansatz hat Birgit Mandel, die für ihre Studie „Die neuen Kulturunternehmer" 10 Porträts ebensolcher anstellte. Mit ihrer Definition meint Mandel „Kleinst- und Kleinunternehmer der Kulturwirtschaft, die jenseits der Global Player des Kultur- und Medienmarktes und jenseits traditioneller Kulturberufe, wie etwa Künstler, Designer oder Architekten, neue Dienstleistungen entwickelt haben, mit denen sie sich auf dem Markt behaupten (Mandel 2007, S.7)." Mandel sieht die Aktivitäten der neuen Kulturunternehmer auf den Gebieten der künstlerisch-kulturell gestaltenden, Kultur vermittelnden, Kultur managenden und Kultur beratenden Dienstleistungen (vgl. Mandel 2007, S.8). Dabei betont sie die Unterscheidung zwischen Kulturunternehmertum und freier Kunst. „Trotz ihrer Nähe zu den Künsten und der Integration künstlerischer Denk- und Gestaltungsprinzipien in ihre Arbeit, sind die Neuen Kulturunternehmer keine ‚autonomen' Künstler. Sie sind Dienstleister und agieren damit auf der Basis eines anderen Verständnisses, als wenn Kunst als Selbstzweck bzw. ohne spezifischen Auftrag praktiziert wird (Mandel 2007, S.8)." Vielmehr sieht Mandel eine Kunden- und Dienstleistungsorientierung bei den neuen Kulturunternehmern im Vordergrund.

Den Grund für das Aufkommen dieses neuen Unternehmertypus sieht Mandel in einem „Mangel an Festanstellungen bei gleichzeitig hohem Bedarf an professionellen Dienstleistungen im Kultursektor (Mandel 2007, S.8)." Mandel wünscht sich außerdem ein größeres Verständnis der Politik für die Innovations- und Wachstumspotenziale der neuen Kulturunternehmen und eine positive Besetzung des Begriffs „Unternehmer". Überhaupt zeichnet Mandel ein größtenteils unkritisches, außerordentlich positives Bild der neuen Kulturunternehmer als Entwicklungsfaktor der Kulturgesellschaft: „Sie entdecken und sie wecken kulturelle Bedürfnisse als eine am Markt nachgefragte Dienstleistung, sie tragen zur positiven kulturellen Entwicklung von Städten und Regionen bei, sie bringen kulturelle Kompetenzen in unterschiedliche gesellschaftliche Bereiche ein (Mandel 2007, S.10)."

Saskia Reither nähert sich den neuen Kulturunternehmern aus einer Perspektive des Selbstmanagements (Reither 2008). Auch sie formuliert das Aufkommen der neuen Kulturunternehmer zunächst als Reaktion auf veränderte Arbeitsverhältnisse in der Branche. Reither weist darauf hin, „dass Kulturschaffende (Kulturvermittler oder -manager) mehr und mehr Interesse gewinnen, sich in einer Branche, die ohnehin beinahe keine festen und dauerhaften Beschäftigungsverhältnisse mehr kennt, selbständig zu machen. Sie initiieren Projekte, bieten sich und ihre speziellen Kenntnisse für full service-Leistungen an und arbeiten als Freie in immer neuen Projekten mit befristeter Laufzeit. Sie nutzen die Lücken und Freiräume eines Kulturmarktes kreativ und setzen die eigenen Fähigkeiten und Kenntnisse in Form eines Büros, einer Agentur oder eines Netzwerks freiberuflich um (Reither 2008, S.165)." Reither verortet die Kulturunternehmer in den Tätigkeitsfeldern der Kultur-Gestaltung, -Vermittlung, -Organisation, -Akquise, -Beratung und -Leitung (vgl. Reither 2008, S.179) und sieht ihren Weg in die Selbstständigkeit auch als Selbstschutzmechanismus um der Stigmatisierung durch Arbeitslosigkeit zu entrinnen. Dabei unterstreicht sie das Selbstmanagement als Kernkompetenz der Kulturunternehmer, die immer wieder in der Situation sind, „wie ein Freiberufler zu denken und zu handeln, zu akquirieren, zu organisieren und sich selbst zu managen. Aus diesem Grund liegt es nahe, die Perspektive zu wechseln, und sich statt ‚negativ' als Angestellter auf der permanenten Suche nach dem nächsten befristeten Job zu begreifen, ‚positiv' als mehr oder weniger unabhängiger Freiberufler zu sehen (Reither 2008, S.177)".

Einen grundverschiedenen Ansatz der Definition des Kulturunternehmers hat Arjo Klamer, der keine deskriptive Definition vorlegt sondern moralisch getrieben ein Idealbild des „Cultural Entrepreneurs" entwirft (Klamer 2011). „Cultural entrepreneurs are cultural because they are about the cultural. Being focused on the (cultural) content, being about the art itself and the creative process is a moral attribute of the cultural entrepreneur (Klamer 2011, S.154)." Damit unterscheidet sich Klamers Entwurf deutlich von dem Mandels, die den freien Künstler vom Kulturunternehmertum ausschließt und die Orientierung an Kunden und Aufträgen in den Mittelpunkt rückt. Solche Kulturunternehmer, für die Kultur ein bloßes Instrument zur Profitgewinnung darstellt sind Klamer suspekt. Er versucht vielmehr herauszufinden, was einen im moralischen Sinne „guten" Kulturunternehmer ausmacht, dessen große Herausforderung es ist, zum Allgemeingut der Kunst beizutragen (vgl. Klamer 2011, S.154). Dabei endet Klamer bei fünf Punkten die für ihn gute Kulturunternehmer ausmachen:

- Sie erkennen unternehmerische Chancen.
- Sie sind kreativ, sowohl in der Produktion künstlerischer Produkte als auch in der Organisation ihrer Kommunikation und ihrer Finanzen.
- Die Kunst ist ihre Leidenschaft. Alles andere, einschließlich der Ökonomie ist für sie nur ergänzend relevant.
- Sie sind überzeugend gegenüber Kooperationspartnern und Investoren.
- Sie sind umsichtig, mutig und selbstbewusst in ihren Aktionen (vgl. Klamer 2011, S.155).

Dieser moralisch-idealistische Definitionsansatz von Klamer ist als utopische Vision äußerst interessant, wirft aber die Frage auf, wo er in der reellen Welt verwirklicht ist. Der Ansatz vernachlässigt die faktisch existenziellen Finanzierungsnöte, die eine große Anzahl Kreativer zur Marktorientierung zwingt.

Bastian Lange schließlich entwirft in seiner Analyse des kreativen Berlins den schmissigen Anglizismus des „Culturepreneurs (Lange 2007)". „Die Kreativwirtschaft wird (in Berlin) ganz wesentlich durch einen neuen Sozialraumtypus getragen, einen kulturellen Unternehmer (...). Als Unternehmer seines Selbst bietet er sein Erfahrungs- und Symbolwissen Dienstleistern an und erfüllt dadurch eine Brückenfunktion zwischen den vormals tendenziell eher getrennt voneinander operierenden Subsystemen Wirtschaft und Kultur (Lange 2007, S.14)."

Analog zur Theorie von Angela McRobbie sieht auch Bastian Lange die auf individualistischen Werten und neoliberaler Ökonomie beruhende „Subjektivierung von Arbeit (Lange 2007, S.14)" und Verwertung der „Ich-Ressource (Lange 2007, S.310)" und somit eine Glorifizierung des Unternehmertums als konstitutives Element der Kreativwirtschaft in Berlin (vgl. Lange 2007, S.14). Die „Culturepreneurs" sind für Lange sogar Vorbilder, Prototypen, Gallionsfiguren des Individualistischen Zeitalters. „In dieser Rolle übernehmen sie über ihre Profession hinaus Verantwortung für die Implementierung expressiver Werte in ein ökonomisches System (Lange 2007, S.22)."

Langes Definition des „Culturepreneurs" ist für diese Arbeit von ganz besonderem Interesse, da sie einen Schwerpunkt auf die Verwurzelung des Kulturunternehmers in lokalen Szenen, Milieus, Subkulturen legt, die Lange als „Wissensnetze" bezeichnet: „Culturepreneurs nehmen bei der Übermittlung von Wissen, Stilen und Informationen in Kreativszenen eine zentrale Rolle ein. Diese unternehmerischen Subjekte operieren nie allein, sondern immer in kommunikativ eingerichteten Wissensnetzen (Lange 2007, S.15)." Neben der Bereitschaft zur

Selbstverwertung sieht Lange also in Subkulturen erlerntes Wissen als wichtigste Ressource für den „Culturepreneur“: „Subkulturelle Kompetenz sowie die Bereitschaft zur Entdeckung seines Selbst erweisen sich als konstitutive Motivdispositionen dieser Akteure (Lange 2007, S.311)."

Bevor aber tiefer darauf eingegangen werden kann, wie diese subkulturellen Kompetenzen zum Erfolg von Mikro-Unternehmern in der Kultur- und Kreativwirtschaft beitragen können muss zuerst ein Versuch angestellt werden, den komplexen Begriff der Subkultur in für diese Arbeit sinnvoller Weise zu fassen.

2.2. Subkultur – Von der Straßengang zur Ästhetik neuer Subkulturen

Eine einheitliche Definition von „Subkultur“ kann in der Literatur nicht gefunden werden. Vielmehr weisen zahlreiche Autoren darauf hin, wie schwierig es ist, den Begriff „Subkultur“ zu fassen. „Sind gemeinhin die Definitionsbestimmungen dessen, was gemeinhin Kultur zu nennen ist, schon Resultate von reduzierenden Auslassungen oder relativierenden Überdehnungen des Begriffs, so ist leicht einsehbar, um wieviel größer die Schwierigkeiten werden, wenn zudem noch eine Schicht unterhalb dem einmal als Kultur Bestimmten vermutet wird (Behrens 1998, S.134)", konstatiert beispielsweise Behrens und Baacke erkennt in dem Begriff ein Sammelbecken für diverse Phänomene, „die man sich auf einer gleitenden Skala von den Peer-Groups der 50er Jahre, den Teenage-Kulturen und dem Mainstream der Pop-Musik über eine stärker durch grundsätzliche Ablehnung gesellschaftlicher Werte bestimmte Jugend bis zur radikalen Absage an Ordnungen und bisherige Gewohnheiten vorstellen muß (Baacke 2004, S.131)."

Jenks hält das Konzept der Subkultur gar für einen anti-modernen Begriff, der verkürzenden Umgang mit sozialer Wirklichkeit befördert, den Fokus auf die Nische richtet und den Blick aufs Große und Ganze verschleiert: „The idea has run it's course. As a device in the hands of sociologists, or more recently the exponents of cultural studies, it has keenly avoided the difficulties that are present when we attempt to explain elements of the social world in terms of society itself. Instead of addressing the difficulties that the idea of ‚society' presents, the theorist rejects or leaves behind the grand, totalizing concept with an ideological justification in terms of the politics of today (Jenks 2005, S.145)."

Vom Ende der Subkultur zu sprechen ist theoretisch durchaus nachvollziehbar, in der kolloquialen Praxis hält sich der Begriff aber, im Sprachgebrauch gerade der Klasse der urbanen Kreativen ist er fest verankert und wird immer wieder herangezogen. In dem Radiofeature „Spielwiese: Subkultur" des Bayerischen Rundfunks beispielsweise konstatiert der Journalist Ralph Glander: „Jede Stadt braucht Subkultur (Glander 2015)." Da dies keine Subkultur-historische Arbeit ist sollen in der Folge nur kurz die wichtigsten Forschungsgeschichtlichen Stationen des Begriffs „Subkultur" skizziert werden um darauf aufbauend einen Begriff von Subkultur zu entwickeln, der in einem Verhältnis steht zur Kultur- und Kreativwirtschaft und somit sinnvoll für diese Arbeit ist.

2.2.1. Straßengangs und Delinquenz - Die Chicagoer Schule

Die ersten soziologischen „Subkultur"-Studien wurden in den 20er und 30er-Jahren des 20. Jahrhunderts am soziologischen Institut der University of Chicago angefertigt. Der Fokus dabei wurde auf empirische, qualitative Forschungsarbeiten gelegt, die Vertreter der Chicagoer Schule hatten keine Berührungsängste mit dem „Feld". „For the first generation of scholars doing subcultural research, an objective, etic perspective was the norm as they tried to make sense of the cultural variations that exsisted in different ecological zones in the city, as well as the social problems that arose when people from different zones interacted (Williams 2011, S.21)."

Die Blaupause für die Arbeiten der „Chicagoer Schule" lieferte Robert E. Park im Jahr 1915 mit seinem Essay „The City – Suggestions for the investigation of human behaviour (Park 2007)", in dem er zur wissenschaftlichen Beobachtung von „customs, beliefs, social practices, and general conceptions of life (Park 2007, S.16)" im urbanen Raum aufruft. „The city, in short, shows the good and evil in human nature in excess. It is this fact, perhaps, more than any other, which justifies the view that would make of the city a laboratory or a clinic in which human nature and social processes may be conveniently profitably studied (Park 2007, S.27)."

Davon ausgehend entwickelten die Wissenschaftler der Chicagoer Schule eine ganze Reihe empirischer Studien, die sich mit urbanen Mikrokosmen wie Straßengangs oder Jazzmusikern auseinandersetzten. „Die Chicago school befaßte sich vor allem mit der spezifischen Sozialstruktur von Slums und Ghettos sowie mit den typischen Normen Verhaltensmustern ihrer Bewohner (Brake 1980, S.38)" und konzentriert sich dabei auf deviantes also von der gesellschaftlichen Norm abweichendes und delinquentes also kriminelles Verhalten.

Dabei wird der Begriff der „Subkultur" eingeführt. So beschreibt Milton M. Gordon im Jahr 1947 die Subkultur als „sub-division of national culture, composed of a combination of factorable social situations such as class, status, ethnic background, regional and rural or urban residence, and religious affiliation, but forming in their combination a functioning unity which has an integrated impact on the participating individual (Gordon 2007, S.41)." Der Subkultur-Begriff der Chicagoer Schule betont also die Bedeutung von sozialen Faktoren wie ethnische und räumliche Herkunft für die Formation von Subkulturen und konzentriert sich auf subkulturelles Verhalten als Devianz und Delinquenz.

2.2.2. Gegen das System – Die Subkulturtheorie von Rolf Schwendter

Einer der wichtigsten Autoren für die Einführung des Begriffs „Subkultur" in die Forschung im deutschsprachigen Raum ist Rolf Schwendter, der im Jahr 1971, durchaus beflügelt von der sozialen Aufbruch- und Umbruchstimmung der 68er-Generation und der damit verbundenen Renaissance der marxistischen Theorie, seine „Theorie der Subkultur" veröffentlichte. Für Schwendter ist „Subkultur ein Teil einer konkreten Gesellschaft, der sich in seinen Institutionen, Bräuchen, Werkzeugen, Normen, Wertordnungssystemen, Präferenzen, Bedürfnissen usw. in einem wesentlichen Ausmaß von den herrschenden Institutionen etc. der jeweiligen Gesamtgesellschaft unterscheidet (Schwendter 1971, S.3)."

In diesen Subkulturen sieht Schwendter im Sinne einer Avantgarde das Potenzial zur Veränderung des Bewusstseins ihrer Akteure und somit auch zur einer grundsätzlichen Veränderung der Gesellschaft (vgl. Schwendter 1971, S.27). So sind Subkulturen für Schwendter als „Gegenmilieu, Gegenöffentlichkeit" erforderlich um „neue Formen sozialer Beziehungen zu praktizieren, die Abhängigkeit von herrschenden Institutionen zu verringern, bürgerliche Tendenzen in der politischen Selbstorganisation zu vermeiden (Schwendter 1971, S.28)". Schwendters Subkulturen sind also entschieden oppositionelle Gebilde, die sich durch die Reibung und den Konflikt mit den Normen der Gesamtgesellschaft definieren.

Den Subkulturen gegenüberstehend sieht Schwendter ein System der „Herrschenden", die „versuchen durch verinnerlichte oder offene Represssion die Subkulturen an die gesamtgesellschaftliche Kultur anzupassen (Schwendter 1971, S.27)." Im Ton scharfer Kritik beklagt Schwendter die „rein schimpfworthafte undifferenzierte Verwendung des Subkultur-Begriffs (Schwendter 1971,

S.28)", die nur der Reproduktion und Stabilisierung der herrschenden Werte und Institutionen diene.

Schwendters „Theorie der Subkultur" ist stark geprägt vom ideologischen „Kalten Krieg" der späten 60er und 70er-Jahre. Sein Entwurf der Subkultur als politisch subversive und umstürzlerische Gegengesellschaft hat daher nur wenig mit dem Selbstverständnis heutiger Subkulturen zu tun, denn: Ein anderes Paradigma als der politische Protest rückt ins Zentrum der Subkulturforschung: die Ästhetik.

2.2.3. Teddys, Mods, Skins und Punks - Das CCCS und der Style

Das Centre for Contemporary Cultural Studies in Birmingham entwickelte sich in den 70er-Jahren zum wichtigsten Zentrum der Subkulturforschung. Die Vertreter der „Birminghamer Schule" widmen sich aus kulturanthropologischer Perspektive den Jugendkulturen der britischen Arbeiterklasse nach dem zweiten Weltkrieg: Den Teddys, den Mods, den Rockern, den Skinheads und den Punks und beziehen auch qualitative Interviews mit den Akteuren dieser Subkulturen in ihre Studien mit ein. Der Fokus der Birminghamer Schule liegt dabei auf den sichtbaren strukturellen Merkmalen von Subkulturen, die diese zur Abgrenzung herausbilden. „They must be focussed around certain activities, values, certain uses of material artefacts, territorial spaces etc. which significantly differentiate them from the wider culture (Clarke/Hall/Jefferson/Roberts 1997, S.100)."

Bezugnehmend auf den italienischen Marxisten Antonio Gramsci und dessen Konzept der Hegemonie, der totalen sozialen Autorität einer herrschenden Klasse, formulieren die Autoren des CCCS die Kreation einer Subkultur als Zweifrontenkampf einer jungen Arbeiterklasse. Zum einen gegen die Arbeiterklassen-Kultur ihrer Eltern, zum anderen gegen eine hegemoniale Kultur (vgl. Clarke/Hall/Jefferson/Roberts 1997, S.102). Die Subkulturen erkämpfen sich Raum durch das Ausleben eigener Rituale und Stile: „A set of social rituals which underpin their collective identity and define them as a group instead of a mere collection of individuals. They adopt and adapt material objects – goods and possessions – and reorganise them into distinctive ‚styles' which express the collectivity of their being-as-a-group (Clarke/Hall/Jefferson/Roberts 1997, S.104)."

Die Autoren des CCCS rücken also erstmals den Style und damit auch die Kulturproduktion von Subkulturen in den Vordergrund ihrer Studien: „the boot-lace tie and velvet collared drape jacket of the Ted, the close crop, parka coats and scooter of the Mod, the stained jeans, swastikas and ornamented motorcycles of the bike-boys, the bovver boots and skinned head of the Skinhead

(Clarke/Hall/Jefferson/Roberts 1997, S.108)." Hier zeigt sich auch erstmals die Bedeutung von Konsumobjekten für Subkulturen und deren Distinktionsweisen. Neben sozialen Strukturen, Regeln und Ritualen sind es auch und gerade spezielle Produkte, die die Identität einer Subkultur ausmachen.

Dick Hebdige hat dieses Phänomen in seinem Klassiker „Subculture – The meaning of Style (Hebdige 1979)" ausführlich beschrieben. Für ihn ist der Style einer Subkultur ein Akt intentionaler rebellischer Kommunikation. Das offensichtliche Zur-Schau-Stellen der eigenen Codes, die teilweise krass von denen der „normalen" Gesellschaft abweichen oder bestehende Codes mit der Methode der Bricolage umwandeln und mit neuen Bedeutungen aufladen, kommuniziert offensiv ein anders sein. „The communication of a significant difference, then (and the parallel communication of a group identity), is the ‚point' behind the style of all spectecular subcultures (Hebdige 1979, S.102)." Der Style einer Subkultur drückt sich aus in der Mode, in der Musik, in der Sprache, im Design von Flyern und Magazinen und in der Nutzung von Raum. Die Autoren des CCCS formulieren ihr Konzept der Subkulturen noch als Klassenkampf der britischen Arbeiterjugend doch die Betonung des „Style" weist schon auf die folgende Entwicklung der „Entpolitisierung" und „Ästhetisierung" der Subkulturen hin.

2.2.4. Die Ästhetisierung als Ende Subkultur

Andere Autoren haben den Gedanken der „Ästhetisierung der Subkultur" fortgeführt und in theoretischer Weise sinngemäß „zu Ende" gedacht. So beispielsweise Roger Behrens, der in seinem Essay „Subkultur als Ästhetische Proteststrategie" eine Abkehr von der politisch-rebellischen Funktion der Subkulturen beschreibt, die durch eine ästhetische Innovationsfunktion ersetzt wird. Politisch-soziale Relevanz weicht ästhetischer Relevanz. „Aus einem Protest gegen soziales Unrecht, das abgeschafft werden müsste, wird eine Demonstration für eine ästhetische Ungleichheit (Behrens 1998, S.147)." Laut Behrens tauschen die Akteure der Subkulturen Politisierungsstrategien gegen Ästhetisierungsstrategien und sind in nicht unerheblichem Maße für eine Ästhetisierung der gesamten Gesellschaft verantwortlich (vgl. Behrens 1998, S.137). Behrens spitzt seine Argumentation noch weiter zu, indem er das Ende der Subkultur durch ihre Ästhetisierung prophezeit: „Sie verliert ihre Qualität als Subkultur, wo sie sich aggressiv als Subkultur inszeniert – ein Mechanismus des modern kapitalistischen Kulturbetriebs (Behrens 1998, S.137)." Dieser ausschließlich ästhetische Ansatz lässt aber außer Acht, dass „Subkultur" noch immer ein wichtiger Ort der Sozialisation für zahlreiche vor allem junge Menschen ist, der daher nicht einfach wegtheoretisiert werden kann. Eine Theorie der Subkultur muss ihre Ästhetisierung beinhalten darf aber ihre soziale Realität nicht aus den Augen verlieren.

2.2.5. „Club Culture" – Die Subkultur wandert in den Underground

In den 90er Jahren wurde ein neuer Sozialraum zum Forschungsfeld der Subkultur-Forscher aus Soziologie und Cultural Studies – der Club und die damit verbundene Clubkultur, die im wahrsten Sinne des Wortes meist im „Underground" in schalldicht isolierten Kellern stattfand. Sarah Thornton, Pionierin der Subkultur-Forschung als „Club-Forschung" beschreibt ihr neu gewonnenes Forschungsfeld im Jahr 1995 folgendermaßen: „Club Culture ist the colloquial expression given to youth cultures for whom dance clubs and their eighties offshoot, raves, are the symbolic axis and working social hub (Thornton 1995, S.3)" Dabei ist zu betonen, dass mit Club Culture nicht eine einzelne homogene Kultur gemeint ist sondern, „a cluster of subcultures which share this territorial affiliation but maintain their own dress codes, dance styles, music genres and catalogue of authorized and illicit rituals (Thornton 1997, S.200)." In der Türpolitik, den Dresscodes und Verhaltenskodizes der Nachtclubs zeigt sich für Thornton in geballter Form die weiter vorangetriebene Ästhetisierung der Subkulturen aber auch ihre soziale Funktionsweise. Trotz der Einführung des Begriffs „Club Culture" bleibt Thornton auch bei der Verwendung des Begriffs „Subkulturen": „I use the term „subcultures" to identify those taste cultures which are labelled by media as subcultures and the word „subcultural" as a synonym for those practices that clubbers call „underground (Thornton 1995, S.8)."

Thornton sieht sich mit ihrer Forschung in der Tradition der Birminghamer Schule, ihr Interesse gilt neben dem ästhetischen Output der Subkultur vor allem auch dem strukturellen Aufbau, den Hierarchie-Mechanismen und der Definition von Subkulturen als Abgrenzung vom „Mainstream". Sie entwickelt dafür in Anlehnung an Pierre Bourdieus Theorie vom „kulturellen Kapital (Bourdieu 1982)" den Begriff des „subkulturellen Kapitals" der von großer Bedeutung für die Beschreibung von subkulturellem Unternehmertum in der Kreativwirtschaft ist und in Kapitel 3 ausführlich beschrieben wird.

2.2.6. Subkultur als Output kreativer, urbaner Szenen

In diesem kurzen Abriss der Geschichte der Subkulturforschung wurde die Entwicklung des Begriffs vom Sammelbecken für kriminelle Gegenkulturen zur Ästhetik- und Style-orientierten Clubkultur skizziert. Da in dieser Arbeit die Wechselwirkung zwischen Subkultur und Kulturökonomie untersucht werden soll wird Subkultur hier im Sinne einer ästhetisch kreativen und vom Mainstream abgegrenzten Underground-Kultur begriffen, die sich aus differenzierten Symbolen, Codes, modischen Stilen, Ritualen, spezifischen Arten der Raumnutzung und szeneeigenen Hierarchien zusammensetzt. Somit liegt der Fokus des verwendeten Begriffs auf der „Kultur" die gesellschaftliche subsysteme hervorbringen können. Diese Definition lässt auch eine Vereinbarkeit des Begriffs von Subkultur und dem aktuell häufig verwendeten Begriff der „Szene" zu: „,Subculture' and ‚Scene' do not need to compete head-to-head when we could more usefully recognize subculture as a cultural concept and scene as a social concept, each performing a contemplementary role (Williams 2011, S.36)." Demnach ist Subkultur der kulturelle Ausdruck von Szenen, die Ronald Hitzler folgendermaßen beschreibt: „Es entwickeln, verstetigen und vermehren sich neue bzw. neuartige Vergemeinschaftungsformen, deren wesentlichstes Kennzeichen darin besteht, dass sie eben nicht mit den herkömmlichen Verbindlichkeitsansprüchen einhergehen, welche üblicherweise aus dem Rekurs auf (wie auch immer geartete) Traditionen und/ oder auf ähnliche soziale Lagen resultieren, sondern dass sie auf der – typischerweise nicht-exkludierenden – Verführung hochgradig individualitätsbedachter Einzelner zur (grundsätzlich partiellen) habituellen, intellektuellen, affektuellen und vor allem ästhetischen Gesinnungsgenossenschaft basieren (Hitzler/ Niederbacher 2010, S.14)."

Die Akteure dieser Szenen, also die Produzenten von Subkultur, ballen sich meist im urbanen Raum. „Städte repräsentieren per definitionem dichte Agglomerationen sozialen Lebens. Sie sind Orte, die aus der Notwendigkeit der Nähe hervorgehen, wenn eine große Anzahl Individuen bestimmte Arten wechselseitig voneinander abhängiger Aktivitäten aufnimmt. Städte sind folglich Orte, die durch komplizierte Netze menschlicher Beziehungen und menschlichen Austauschs gekennzeichnet sind (Scott 2005, S. 16)." Diese sozialen Ballungsräume voller Optionen, voller Menschen und Beziehungen sind das Spielfeld moderner Subkultur, wie es Anja Schwanhäußer in ihrem Essay „Die Stadt als Abenteuerspielplatz" beschreibt: „Die subkulturellen Akteure praktizieren eine Art des kollektiven Flanierens, der kreisenden, suchenden Reise durch den Stadtraum (Schwanhäußer 2005, S. 167)."

Die Lebenswirklichkeit der Akteure der Subkultur im urbanen Raum weist dabei deutliche Analogien zur Lebenswirklichkeit der auf einem individualistischen Wertesystem fußenden „neuen Kulturunternehmer" auf, die in Kapitel 2.1.3. beschrieben wurden. „Die Akteure der Subkultur führen ein Leben im permanenten Übergang, mit wechselnden Beschäftigungen, ohne gesicherte soziale Basis

(Schwanhäußer 2005, S.168)." Das zeitintensive subkulturelle Leben zusammen mit einer alternativen Wertorientierung, so Schwanhäußer, verhindere einen Weg in „normale" Angestelltenverhältnisse.

Individualisierung, Flexibilität und prekäre Existenz sind also nicht nur strukturelle Merkmale der Kultur- und Kreativwirtschaft sondern auch Merkmale, die auf die Akteure der Subkultur zutreffen, genau wie eine Handlungsorientierte Selbstständigkeit: „Diejenigen, die sich entschieden haben, vorerst die meiste Zeit ihres Lebens in subkulturelle Aktivitäten zu investieren, versuchen auch im Sinne des Punk-Slogans „Do it Yourself!", sich mit ihren Fähigkeiten in die Subkultur einzubringen (Schwanhäußer 2005, S.169)."

Im nächsten Kapitel soll beschrieben werden, wie es dieses schöpferische Handeln in Szenen, also die aktive Produktion von Subkultur einigen ihrer Akteure erlaubt, „gerade durch das transitorische Subkulturleben ihr Leben zu festigen und ihre Existenz halbwegs zu sichern (Schwanhäußer 2005, S.169)."

2.3. Subkultur als Nährboden für Unternehmertum in der Kreativwirtschaft

In Kapitel 2.1. wurde beschrieben wie auf dem Boden eines individualistischen Wertesystems und einer Ökonomisierung und Professionalisierung der Kultur- und Kreativwirtschaft der Typus des „neuen Kulturunternehmers" entstanden ist. Dieser Typus prägt die Kulturwirtschaft als selbstständiger „Unternehmer seiner selbst", dessen Ressource seine eigene Person, sein Talent, sein Wissen ist und der Freiheit und Selbstverwirklichung in der Arbeit einer gesicherten bürgerlichen Existenz vorzieht. In Kapitel 2.2. wurde der Begriff der „Subkultur" in der Forschungsgeschichte beschrieben und für diese Arbeit eine Definition von Subkultur gefunden. Demnach ist Subkultur ästhetisch kreativer und vom Mainstream abgegrenzter Output von Szenen, der sich aus distinktiven Symbolen, Codes, Handlungsweisen, modischen Stilen, Ritualen, Raumnutzungen und Hierarchiestrukturen zusammensetzt.

In der Folge sollen die Wechselwirkungen zwischen Subkultur und neuem Kulturunternehmertum in der Kreativwirtschaft aufgezeigt werden. Dafür sind zwei Konzepte besonders hilfreich. Erstens das Konzept des „subkulturellen Kapitals" das Sarah Thornton mit Bezug auf Pierre Bourdieu entwickelt hat (Thornton 1959) und zweitens das Konzept vom „Lernen in Szenen" das vor allem auf

Ronald Hitzler zurückgeht. (Hitzler/Pfadenhauer 2008; Hitzler/Niederbacher 2010).

2.3.1. Subkulturelles Kapital

Wie in Kapitel 2.2.5. beschrieben wurde widmete sich Sarah Thornton Mitte der 90er-Jahre der Untersuchung der aufkommenden Techno- und Rave-Kultur, die sich mit rasender Geschwindigkeit im Sozialraum der Clubs entfaltete. 1995 veröffentlichte sie ihre Studie „Club Cultures – Music, Media and Subcultural Capital (Thornton 1995)". Darin bedient sich Thornton zur Analyse der sozialen Logik der Clubkultur des Konzepts des „kulturellen Kapitals" das der französische Soziologe Pierre Bourdieu im Jahr 1982 in seinem Hauptwerk „Die feinen Unterschiede (Bourdieu 1982) entwickelte. Bourdieu beschäftigt sich in „Die feinen Unterschiede" ausführlich mit der Frage, was soziale Klassenzugehörigkeit bedingt und wodurch sich Mitglieder sozialer Klassen voneinander abgrenzen. Dabei ergänzt Bourdieu die These Marx, ökonomisches Kapital sei der wichtigste Distinktionsfaktor der Klassenzugehörigkeit in der Gesellschaft. Für Bourdieu sind neben dem ökonomischen Kapital auch das soziale Kapital (wen kennst du?) und eben das durch Erziehung und Bildung akkumulierte kulturelle Kapital einer Person für ihre Klassenzugehörigkeit entscheidende Faktoren (vgl. Bourdieu 1982, S.32). Kulturelles Kapital kann sinngemäß definiert werden als „Fähigkeit, kulturelle Symbole mit einem spezifischen sozialen Status in einer bestimmten Referenzgruppe zu verstehen und selbst hervorzubringen (Rössel 2009, S.239)." So wird der Geschmack eines Menschen zu einem Zeichen seiner Klassenzugehörigkeit, zu einem Zeichen, das den elaborierten Kunstkenner und Opernliebhaber unterscheidet vom Fan der Populärkultur.

Sarah Thornton macht diese Theorie für ihre Analyse der Clubkultur fruchtbar. „Club cultures are faddish, fragmented and heavily dependent on people being „in the know" – on being „hip", or „cool", or „happening". In fact, if I had to settle on one term to describe the cultural organization or social logic by which most clubs operate, it would have to be ‚hipness'. In thinking through Bourdieu's theories in relation to the terrain of youth culture, I've come to conceive ‚hipness' as a form of subcultural capital (Thornton 1995, S.11)." Diese „Hipness" kann sich für Thornton sowohl im Besitz und in der richtigen Verwendung von Objekten zeigen als auch in verkörperten Verhaltensweisen und speziellem Szenewissen. „So subcultural capital is objectified in the form of fashionable haircuts and well-assembled record collections. Just as cultural capital is personified in „good" manners and urbane conversation, so subcultural capital is embodied in the form of being „in the know", using (but not over-using) current slang and looking as if you were born to perform the latest dance styles (Thornton 1995, S.12)."

Beruhend auf der sozialen Logik des subkulturellen Kapitals schaffen sich die Akteure der Subkultur ein eigenes Hierarchiesystem, das Status erlaubt, der unabhängig von den klassifizierenden Distinktionen der Gesamtgesellschaft ist. „Subcultural capital is the linchpin of an alternative hierarchy in which the axes of age, gender, sexuality and race are all employed in order to keep the determinations of class, income and occupation at bay (Thornton 1997, S.208)." Schließlich argumentiert Thornton, dass subkulturelles Kapital auch in ökonomisches Kapital umgewandelt werden kann und sich die Träger subkulturellen Kapitals durchaus eine wirtschaftliche Existenz darauf aufbauen können. „DJs, club organizers, clothes designers, music and style journalists and various record industry professionals all make a living of their subcultural capital (Thornton 1995, S.12)."

2.3.2. Lernen in Szenen

Ronald Hitzler hat gemeinsam mit Manuela Pfadenhauer (Hitzler/Pfadenhauer 2008) und Arne Niederbacher (Hitzler/Niederbacher 2010) den Prozess der Aneignung subkulturellen Kapitals aus pädagogischer Perspektive als „Lernen in Szenen" beschrieben. Hitzler verwendet dabei nicht das von Bourdieu entlehnte Vokabular, er spricht von einem Kompetenz-Erwerb in Szenen. Laut Hitzler manifestiert sich eine Szene „im sozial approbierten Wissen von den ‚richtigen' Verhaltensweisen, Attribuierungen, Codes, Signalen, Emblemen, Zeremonien, Attitüden, Wissensbeständen, Relevanzen, Fertigkeiten (Hitzler/Nierderbacher 2010, S.18)." Wer also vollwertiges Mitglied einer Szene sein will, kann das nur durch exklusives Szene-Know-How erreichen. In subkulturellen Szenen Aktive „müssen nicht nur immer mehr über die feinen, subtilen und dynamischen szenischen Stilisierungsformen wissen, sie müssen diese darüber hinaus auch wirksam anwenden können (Hitzler/Niederbacher 2010, S. 195)".

Damit geht für Hitzler ein Kompetenzerwerb einher weshalb er subkulturelle Szenen als alternative Bildungsorganisationen bezeichnet. Demnach werden in „sehr konkrete, über das „Leben in Szenen" selber hinaus alltagspraktisch relevante und berufspraktisch verwertbare Kompetenzen entwickelt, vermittelt und angeeignet (Hitzler/Pfadenhauer 2008, S.16)".

Wie Sarah Thornton die Konvertierbarkeit von subkulturellem Kapital in öko-nomisches Kapital herausstellt, beschreibt Hitzler das Potenzial der erlernten Kompetenzen zur finanziellen Ressourcenschöpfung auch außerhalb des szeni-schen Mikrokosmos (vgl. Hitzler/Pfadenhauer 2008, S.19). Besonders wichtig seien dabei jene „Kompetenzen, die auch im beruflichen Alltag, d.h. im Er-werbsleben (außerhalb von Szenen) eingesetzt werden können. Die Kompetenz-vermittlung, -aneignung und -entwicklung vollzieht sich hier in informellen als auch in proto-formalisierten als auch (wenn auch in geringem Maße) in formali-sierten Bildungsprozessen – überwiegend aber allerdings als ‚learning by doing' (Hitzler/Pfadenhauer 2008, S.20)." Ein konkretes Beispiel für diesen Prozess des Lernens in der Subkultur liefert Mathias Scheicher, der In seiner Studie „Punk und Partizipation – Berufliche Perspektiven einer Subkultur" mit Bezug auf Hitzler den Kompetenzerwerb der Akteure der Punk-Szene beschreibt (Schei-cher 2008).

Die theoretischen Konzepte des „subkulturellen Kapitals" von Sarah Thornton und des „Lernens in Szenen" von Ronald Hitzler beschreiben das ökonomische Potenzial, das in Subkultur schlummert, in der Folge soll beschrieben werden wie dieses von subkulturellen Akteuren konkret eingesetzt werden kann um im Sinne des neuen Unternehmertums in der Kultur- und Kreativwirtschaft tätig zu werden. Dabei werden zwei Wege aufgezeigt. Zum einen der Weg einer subkul-tur-internen Ökonomie und zum anderen der Weg von Subkultur als Innovati-onsstrategie der Kulturindustrie. „Teilweise verdienen diese Leute ihr Geld mit dem Engagement in der Subkultur selbst, indem sie ihre vormals spontanen Ak-tivitäten als Party-Organisatoren professionalisieren und Bars, Clubs und Loun-ges betreiben. Teilweise produzieren sie freiberuflich oder in Form kleiner Un-ternehmen für einen breiteren, aber tendenziell alternativen Markt der Kulturgü-terproduktion (Schwanhäußer 2005, S.170)."

2.3.3. Subkultur-interne Ökonomie

Wir haben also festgestellt, dass es "subkulturelles Kapital" gibt, das sich Ak-teure der Subkultur in Szenen aneignen können. Es besteht aus Wissen über mo-dische Trends, dem richtigen und topaktuellen Musikgeschmack, dem Kennen des „Who-is-who" einer Szene, der korrekten Verwendung und der kreativen Produktion ästhetischer Symbole, der Verwendung von Szene-Slang, dem Ken-nen und Bereitstellen von szenerelevantem Raum. Innerhalb einer Szene bildet sich eine Elite derer, die reich an hohem subkulturellem Kapital sind: DJs, Clubbetreiber, Labelbetreiber, Herausgeber und Autoren von Szenemagazinen,

Grafiker, Filmemacher, Fotografen der subkulturellen Medienproduktion. Sie kennen zumeist durch lange Szenezugehörigkeit die Codes der Subkultur und können darauf aufbauend auch neue Stilprägende Symbole produzieren. „People in these professions often enjoy a lot of respect not only because of their high volume of subcultural capital, but also from their role in defining and creating it (Thornton 1997, S.12)."

Dabei ist kulturelles Kapital in heutigen ästhetisierten Subkulturen zunehmend auch an den Konsum bestimmter Objekte wie Platten, Kleidung, Marken, Magazinen usw. oder den Besuch bestimmter Events wie Konzerten oder Partys geknüpft. „Von der klassischen Ästhetik, die ihr Augenmerk auf Kunst richtet, die erst auf den zweiten Blick eine verborgene Warenstruktur offenbart, unterscheidet sich die Ästhetik von Subkulturen, weil sie sich auf den Warencharakter der Dingwelt bezieht (und beziehen muss), bei denen ein Kunstcharakter mindestens zweitrangig ist (Behrens 1998, S. 121)." Innerhalb der Subkultur bildet sich daher eine erwerbsorientierte Organisationselite, die die gefragten Produkte und Events der Szene auf einem subkulturellen Markt anbietet und sich so auf den finanziellen Ressourcen der übrigen Akteure der Subkultur eine wirtschaftliche Existenz aufbaut. Diese Organisationselite speist sich fast ausschließlich aus langjährigen Akteuren der Subkultur, da nur sie über das nötige subkulturelle Kapital verfügen, um glaubhaft, authentisch und legitimiert subkulturelle Produkte anbieten können.

Michaela Pfadenhauer hat diese Mechanismen einer subkultur-internen Ökonomie in ihrem Essay „Spielerisches Unternehmertum. Zur Professionalität von Event-Produzenten in der Techno-Szene (Pfadenhauer 2000)" sehr aufschlussreich am Beispiel der Techno-Szene in Deutschland beschrieben. Sie beschreibt die Herausbildung einer Organisationselite der deutschen Techno-Szene auf der Ressourcen-Basis des finanziellen Potenzials der Raver. „Die zwar heterogene, aber (noch) hochgradig vernetzte Organisationselite der Techno-Szene managed inzwischen nahezu die gesamte Infrastruktur der Szene, also z.B. die Produktion und Distribution von Informationen, die einschlägigen Clubs, das DJ-Booking, die technospezifischen Vinyl- und CD-Labels und z.T. auch das Merchandising. Vor allem aber bildet bzw. stellt sie das Personal, das für die Planung, Koordination und Durchführung, also eben für die Produktion (der Voraussetzungen) von Techno-Events unabdingbar ist (Pfadenhauer 200, S.95)."

Die Akteure dieser Organisationselite zeichnen sich für Pfadenhauer durch ein hohes Maß an subkulturellem Kapital aus, das sie in direktem Szenekontakt erworben haben und durch Szenekontakt ständig aktualisieren. Nur durch diese enge Bindung an die Szene kennt der subkultur-interne Unternehmer „den Katalog des „Who is Who", die Bedeutungshierarchie von Clubs, Labels und Veranstaltungsorganisatoren, Kenntnisse über Positionen und Status, Kompetenzen und Arbeitsgewohnheiten von Mitgliedern der Leistungselite, Wissen über kulturspezifische Codes und ihre Bedeutung, über implizite Regeln, Informationen über neueste Szene-Trends und zielgruppenspezifische Erwartungen (vgl. Pfadenhauer 2000, S.104)."

Am Beispiel des Event-Produzenten beschreibt Pfadenhauer dann den Weg von der Subkultur zum Beruf. Der subkulturelle Event-Produzent „durchläuft in der Regel keine formalisierte (Berufs-)Laufbahn. Seiner beruflichen Tätigkeit geht vielmehr in der Regel eine langjährige Szenezugehörigkeit voraus, in dessen Verlauf er enge Bindungen zu Szenemitgliedern in seinem Arbeitsumfeld aufbaut. Im Kontakt und Austausch mit Freunden und Kollegen erwirbt und aktualisiert der Event-Produzent fortlaufend intime Kentnisse der Szene-Kultur (Pfadenhauer 2000, S.103)." Nur ein Insider, so Pfadenhauer, könne das erforderliche organisatorisch-technische Know-How erwerben und zugleich eine sozial akzeptable Selbstinszenierung als Szene-Mitglied betreiben (vgl. Pfadenhauer 2000, S.96).

Zusammenfassend zieht Pfadenhauer das Fazit: „Die eigentliche Professionalität des Event-Produzenten in der Techno-Szene liegt allem Anschein nach tatsächlich wesentlich darin, daß er die Teilnehmer eines Events glaubhaft glauben machen kann, daß dieses Event ihre Erwartungen deshalb erfüllt bzw. ihre Bedürfnisse befriedigt, weil es sozusagen aus der Szene von der Szene für die Szene produziert wird (Pfadenhauer 2000, S.112)."

An diesem Beispiel zeigt sich sehr gut die Logik subkultur-interner Ökonomie, die unternehmerisch agierenden subkulturellen Akteuren die Möglichkeit zur wirtschaftlichen Existenzgründung bietet. Neben dem „aus der Szene, von der Szene, für die Szene" kann subkulturelles Kapital aber auch zur Wertschöpfung außerhalb der Subkultur eingesetzt werden.

2.3.4. Subkultur als Innovationsstrategie der Kulturindustrie

Eine ganze Reihe von Autoren hat beschrieben, wie sich die „Kulturindustrie", also der privatwirtschaftlich oder öffentlich finanzierte kulturökonomische Mainstream der Subkultur bedient um Innovationen als Motor wirtschaftlichen Wachstums zu generieren, oder wie es Schwanhäußer formuliert „die wirtschaftliche Produktivität abzuschöpfen, die dieses kulturelle Setting produziert – die kreativen Köpfe, die neuen Ideen zu urbanen Existenzweisen, die innovativen

Formen, durch die postmoderne Lebensstile erst einen Sinn erhalten (Schwanhäußer 2005, S.172)."

Diese „postmodernen Lebensstile" sind geprägt von einem individualistischen Wertesystem. „Individualität und soziale Zugehörigkeit werden dabei mit ästhetischen Mitteln zum Ausdruck gebracht und im Zuge dieser ‚expressiven Revolution" nahezu unausweichlich an Konsum gebunden (Eutenauer 2011, S.19)." So entsteht ein immer breiter werdender Nachfragestrom nach „diversifizierten, mit kultureller Bedeutung aufgeladenen Produkten (Eutenauer 2011, S.20)".

Die hochgradig ästhetisierte Subkultur mit ihrem „Style", ihren „Codes" ihren „Moden" ihrem „Sound" ihrem "Slang" bringt exakt diese Produkte in nie vorhersehbarer und doch verlässlicher Regelmäßigkeit hervor. Die subkulturelle Ästhetik, ihr „Style" ist „a moving target, always being chased by the culture industries desperate for a new niche market or next season`s fashion statement (Williams 2011, S.85)". Subkultur und ihre Codes und Symbole werden also zum konsumierbaren Produkt einer beschleunigten Kulturindustrie, „for which constant regeneration is vital, assuring a quick turnover of all the associated consumer products such as fashion and music (Huq 2006, S.22)".

Um die Ästhetik der Subkultur erfolgreich in die eigene Innovationsstrategie integrieren zu können braucht die Kulturindustrie Übersetzer subkultureller Codes, Träger subkulturellen Kapitals, die glaubwürdig subkulturelle Produkte und somit kulturelle Innovationen produzieren können. „Gerade Außenseitern und Einzelgängern sowie unabhängigen Künstlern wird eine wichtige Rolle als Innovatoren in kreativen Märkten zugeschrieben. Dieses Verhältnis geht von einem hohen Stellenwert von Nischenökonomien sowie von regelrechten Außenseiterökonomien aus, die gewissermaßen die Struktur und die Dynamik dieser Märkte bestimmen (Lange/Von Streit/Hesse 2011, S.10)." Der ehedem bewusst vom Mainstream der Gesamtgesellschaftlichen Kultur abgegrenzte Outlaw der Subkultur wird so zu einem der wichtigsten Träger der Erneuerung eben diesen Mainstreams. Richard Florida beschreibt diesen paradoxen Prozess in seinem Bestseller „The Rise of the Creative Class (Florida 2014)" folgendermaßen: „The „Capitalism has expanded it's reach to capture the talents of heretofore excluded groups of eccentrics and nonconformists. In doing so it has pulled of yet another astonishing mutation: taking people who would once have been viewed as bizarre mavericks operating at the bohemian fringe and placing them at the very heart oft he process of innovation and economic growth (Florida 2014, S.7)."

Ingo Bader hat diesen Prozess der Integration von Subkultur in die Innovationsstrategien der Kulturindustrie in seiner Studie „Die Rolle der Subkultur für die Entwicklung der Berliner Musikindustrie (Bader 2005)" sehr aufschlussreich beschrieben. Dabei zeigt er zum einen die Bedeutung der Integration subkultureller Ästhetik in den Produktkanon der Major-Labels, zum anderen die Bedeutung von Kooperationen der Kulturindustrie mit Unternehmen der subkulturinternen Ökonomie, den Independent-Labels. „Strategien der globalen Tonträgerindustrie sind die Einbeziehung der Ästhetik und der Lebensstile von rebellischen Subkulturen, aber auch neue Formen der Kooperation zwischen Independents und Majors. Sie wollen sich das subkulturelle Flair der jugendgeprägten Innenstadtbezirke als Marke aneignen und die Produktionsstrukturen der lokalen, durch kleine Unternehmen dominierten Musikwirtschaft flexibel integrieren (Bader 2005, S. 102)."

Laut Bader lasse die Nachfrage nach Massengütern, also Mainstream-Musik, nach, immer mehr KonsumentInnen würden nach diversifizierten Produkten verlangen, gerade weil diese soziale Distinktionsfunktionen haben und zur Selbststilisierung dienen. „Subkulturelle, lokale Musik eignet sich für diese Distinktionsfunktion besonders, da sie mit Kreativität und Qualität verbunden ist und sich vom Massenmarkt durch ihren lokalen aber auch subkulturell-rebellischen und „exklusiven" Charakter abhebt. Die Verschmelzung des Begriffs der Subkultur mit einer Aura der Kreativität und Authentizität, ihre emphatische Opposition gegen die Homogenität der Produkte der Musikindustrie, wird von der Industrie in eine Ware verwandelt (Bader 2005, S.108)."

Dieses große Interesse der Kulturindustrie an der Authentizität der Subkultur wiederum bietet Akteuren der Subkultur unternehmerische Chancen. Bader beschreibt die Kooperation zwischen subkulturellen Akteuren und Kulturindustrie als Prozess des Outsourcings: „Majors setzen bei ihrer Zusammenarbeit mit Akteuren der Subkultur deswegen vermehrt auf die Integration von Netzwerken kleinerer Unternehmen, den kulturellen Distrikten, in das globale Netz der Kulturökonomie, um die Vorteile einer flexiblen Spezialisierung mit Skalenvorteilen zu verbinden. Man könnte die Zusammenarbeit mit subkulturellen Akteuren als eine Form von Outsourcing bezeichnen. (Bader 2005, S. 114)."

Es wurde also gezeigt, dass Akteure der Subkultur ihr subkulturelles Kapital in zweierlei Hinsicht in ökonomisches Kapital umwandeln können. Zum einen durch wirtschaftliches Handeln in einer subkultur-internen Ökonomie, zum anderen durch Transferleistungen für und Kooperation mit der Kulturindustrie.

Abschließend soll darauf aufbauend nun der Begriff des „Subkultur-Unternehmers" entworfen werden.

2.4. Der Subkultur-Unternehmer

In Kapitel 2.1. wurde der Typus des neuen Kulturunternehmers in der Kultur- und Kreativwirtschaft beschrieben. In Kapitel 2.2. wurde beschrieben wie sich Subkultur von der rebellisch-kriminellen Gegenkultur zur ästhetisch-innovativen Avantgarde entwickelt hat. In Kapitel 2.3. wurde beschrieben wie sich Akteure der Subkultur durch „Lernen in Szenen" „subkulturelles Kapital" aneignen, das sie in einer subkultur-internen Ökonomie oder in Kooperation mit der Kulturindustrie in ökonomisches Kapital umwandeln können. Die Synthese dieser beschriebenen Mechanismen ist der Begriff „Subkultur-Unternehmer". Der Subkultur-Unternehmer soll definiert werden als neuer Kulturunternehmer in der Kultur- und Kreativwirtschaft, dessen Prozess der Wertschöpfung weitestgehend auf dem Einsatz von „subkulturellem Kapital" beruht.

Richard Verwoert beschreibt diese Subkultur-Unternehmer wie folgt: "Sie praktizieren den Lebensstil für den sie werben. Sie sind flexibel und machen Karriere weil sie gelernt haben sich selbst mit unternehmerischer Effizienz zu verwerten. Zugleich sind sie Individualisten, einem alternativen Lebensgefühl verpflichtet und der Subkultur zugehörig. Dies ist wiederum kein Zufall, da viele der Kompetenzen, die in der Medienbranche und Kommunikations-Industrie gefragt sind, zum Bereich der künstlerisch gestalterischen Fähigkeiten zählen. Die Bohème ist das Milieu, in dem ihre Ausbildung stattfindet (Verwoert 2003, S.10)."

Bastian Lange erkennt Nischenorientierung und Spezialistentum als konstituierende Eigenschaften von Subkultur-Unternehmertum: „Geringe Transaktionskosten durch moderne Informationstechnologien ermöglichen es dem Einzelnen, sich mit seinen Ideen ohne allzu großes Risiko auf dem Markt auszuprobieren und Nischen zu besetzen. Authentizität und Differenz gelten als wichtige Alleinstellungsmerkmale in einer Ökonomie, die u.a. auf der Grundlage einer Anerkennung des Neuen funktioniert und dabei immer auf der Suche nach dem Randständigen wie gleichsam Unerwarteten ist (Lange 2011, S.61)." Die Chance dieses Unternehmer-Typs sei es, „als kreativer Unternehmer, als Betreiber von Clubs, Musik-, Mode- und anderen Shops sowie insbesondere im Medien- und Designbereich mit neuen sozialen und räumlichen Praktiken Lücken im Urbanen zu schließen (Lange 2007, S.18).".

Die Arbeit in flexiblen Projektnetzen und in Übergangsbereichen zwischen Dienstleistungserbringung und Kunstproduktion prägt das Handeln dieser Mikrounternehmer die, „nicht zuletzt aufgrund der Prekarität ihrer Lebenslagen immer wieder innovative Lösungen generieren, um als junge Mikrounternehmen Sichtbarkeit und Aufmerksamkeit in Marktkontexten auf sich zu ziehen (Lange/Von Streit/Hesse 2011, S.9)."

Michaela Pfadenhauer schließlich beschreibt das unternehmerische Handeln der Akteure der Subkultur als „spielerisches Unternehmertum" und beschreibt den Subkultur-Unternehmer als Entrepeneur, der „den Spaß an der Arbeit sucht, sich am erlebten Erfolg statt an potentiellen Risiken orientiert, das ständig im „Fluß" befindliche Gesamtbudget der Firma eher nicht überblickt, Gewinne aus erfolgreichen Unternehmungen – nicht selten noch bevor die Unkosten gedeckt sind – an die Teilhaber und Mitarbeiter ausschüttet (Pfadenhauer 2000, S.108)."

Trotz dieser Einschätzungen aus der Forschungsliteratur ist das Subkultur-Unternehmertum ein wissenschaftlich noch wenig untersuchtes neues Phänomen. Im nun folgenden empirischen Teil dieser Arbeit soll dieses Phänomen daher Anhand von Leitfadeninterviews mit obiger Definition entsprechenden Subkultur-Unternehmern in explorativer Weise beleuchtet werden.

3. Die Praxis der Subkultur-Unternehmer

Das Anliegen dieser Arbeit ist es, in explorativer Weise zum besseren Verständnis von Subkultur-Unternehmertum beizutragen und somit das Forschungsfeld zu öffnen. Im empirischen Teil dieser Arbeit werden anhand von qualitativen Leitfadeninterviews mit „Subkultur-Unternehmern" drei Fälle miteinander verglichen, an denen Lebenswirklichkeit, Handeln und Selbsteinschätzung von „Subkultur-Unternehmern" verdeutlicht werden sollen um die Beschreibung dieses neuen Sozialraum-Typus mit Leben zu füllen. Bevor die Ergebnisse der Untersuchung aufgezeigt werden können soll hier zunächst die Methode der Forschungsarbeit beschrieben werden.

3.1. Forschungsdesign

Als Methode dieser Arbeit wurde die vergleichende Fallanalyse auf der Basis von qualitativen Leitfadeninterviews gewählt. Somit fällt diese Studie in den Bereich der qualitativen Sozialforschung. In der Folge soll kurz das angewandte Forschungsdesign beschrieben werden.

3.1.1. Qualitative, explorative Sozialforschung

Im Gegensatz zur quantitativen Sozialforschung ist die Qualitative Forschung „an der Subjektperspektive also an den „Sinndeutungen" der Befragten interessiert. (vgl. Diekmann 2005, S.444). Ihre Funktionen sind laut Andreas Diekmann die Deskription empirischer Sachverhalte und sozialer Prozesse, die Aufstellung von Klassifikationen oder Typologien, die Gewinnung von Hypothesen am empirischen Material und die Prüfung von Forschungshypothesen (Diekmann 2005, S.444). Dabei arbeitet man bei der qualitativen Forschung zumeist mit kleineren Stichproben als in der qualitativen Forschung. „Dafür versucht man aber, stärker in die Tiefe zu gehen, die Interviewten Personen ausführlich zu Wort kommen zu lassen und das gewonnene Material intensiver auszuwerten und nicht nur auf statistische Kennwerte zu verdichten (Diekmann 2005, S.445)."

Dabei ist allen qualitativen Forschungsverfahren gemeinsam, „dass sie denjenigen, die Gegenstand der Forschung sind, die Strukturierung der Kommunikation im Rahmen des für die Untersuchung relevanten Themas so weit wie möglich überlassen, damit diese ihr Relevanzsystem und ihr kommunikatives Regelsystem entfalten können und auf diesem Wege die Unterschiede zum Relevanzsystem des Forschenden überhaupt erst erkennbar werden (Bohnsack 2007, S.21)."

Diekmann beschreibt vier mögliche Typen sozialwissenschaftlicher Untersuchungen: „1. Explorative Untersuchungen, 2. Deskriptive Untersuchungen, 3. Prüfung von Hypothesen und Theorien und 4. Evaluationsstudien (Diekmann 2005, S.30)." Für die Untersuchung des noch sehr neuen Begriffs des „Subkultur-Unternehmertums" eignet sich hier die explorative Untersuchung, die Diekmann als besonders geeignet zur Untersuchung „sozialer Subkulturen (Diekmann 2005, S.31)" bezeichnet. Dabei geht es darum, einen sozialen Bereich zu erforschen, der „relativ unbekannt ist" und für den „nur recht vage oder gar keine spezifischen Vermutungen über die soziale Struktur und die Regelmäßigkeiten sozialer Handlungen vorliegen (Diekmann 2005, S.30)." Dennoch finden explorative Studien nicht im luftleeren Raum statt und beziehen sich auf einen theoretischen Rahmen. „irgendeine Art von Vorwissen, Vermutungen und vage Hypothesen werden den Beobachtungen immer vorangehen und die Aufmerksamkeit in eine bestimmte Richtung lenken (Diekmann 2005, S.30)."

Als Methoden für die explorative Sozialforschung eignen sich laut Diekmann besonders qualitative Methoden. „Man wird etwa qualitative Interviews mit ausgewählten Personen, eventuell ‚Experteninterviews' und unstrukturierte Beobachtungen vornehmen (Diekmann 2005, S.30)." Für diese Untersuchung wurde die Methode des Leitfadeninterviews gewählt.

3.1.2. Das Leitfadeninterview

Das Leitfadeninterview ist eine Form des offenen Interviews. „Im offenen Interview geht es also darum, die Befragten ein Thema in deren eigener Sprache, in ihrem Symbolsystem und innerhalb ihres Relevanzrahmens entfalten zu lassen; nur so können die Interviewer(innen) oder Beobachter(innen) verhindern, in die Einzeläußerung Bedeutungen hineinzuprojizieren, die ihr nicht zukommt (Bohnsack 2007, S.21)."

Christel Hopf betont die Bedeutung offener Erhebungsverfahren für die Sozialforschung: „Durch die Möglichkeit, Situationsdeutungen oder Handlungsmotive in offener Form zu erfragen, Alltagstheorien und Selbstinterpretationen differenziert und offen zu erheben, und durch die Möglichkeit der diskursiven Verständigung über Interpretationen sind mit offenen und teilstandardisierten Interviews wichtige Chancen einer empirischen Umsetzung handlungstheoretischer Konzeptionen in Soziologie und Psychologie gegeben (Hopf 2007, S.350)."

Beim Leitfadeninterview orientieren sich die Forscher im Gespräch an einem vorher festgelegten Interview-Leitfaden ohne diesen jedoch dogmatisch-strikt einhalten zu müssen. So ergeben sich Spielräume in den Fragenformulierungen, Möglichkeiten zu Nachfragen und vertiefenden Fragen sowie Freiräume in der Fragen-Abfolge (vgl. Hopf 2007, S.351). Der Leitfaden selbst „enthält eine Reihe thematischer Gesichtspunkte, die im Verlauf des Interviews angesprochen werden sollen. Die Fragen sind aber ‚offen‘, und auch die Reihenfolge wird nicht im Vorhinein festgelegt (Diekmann 2005, S.446)". So soll gewährleistet werden, dass alle relevanten Aspekte eines Themas angesprochen werden damit eine „gewisse Vergleichbarkeit der Antwortreaktionen verschiedener Befragter ermöglicht wird (Diekmann 2005, S.447).

Der Leitfaden für die Interviews, die dieser Studie zugrunde liegen, wurde auf Basis der Theoriediskussion in Kapitel 2. der Arbeit erstellt. Dabei kam ein rein stichwortartiger Leitfaden zum Einsatz, der keine vorformulierten Fragen enthielt um die größtmögliche Offenheit und Natürlichkeit der Kommunikation zu gewährleisten. Der Leitfaden enthielt folgende Themenbezogene Stichpunkte:

- Begriff „Subkultur"
- Sozialisation in der Subkultur
- Subkulturelles Kapital und Kompetenzaneignung in der Subkultur
- Weg in die Berufliche Selbstständigkeit
- Unternehmertum
- Arbeitsbedingungen, Arbeitseinstellung, Arbeitsorganisation
- Subkulturelle Ökonomie und Kulturindustrie

Anhand dieses Leitfadens wurden Interviews mit drei Subkultur-Unternehmern geführt. Nun soll beschrieben werden, wie die Stichprobe zu Stande kam.

3.1.3. Auswahl der Interviewpartner

„Die Auswahl von Fällen ist in qualitativen Verfahren nie absolut objektiv und frei von Vorwissen zu steuern. Sie unterliegt der Perspektive des Forschers sowie seinem Zugang zum Forschungsfeld, in dem sich die Akteure bewegen (Lange 2007, S.170)." Dennoch kann die Auswahl der Interviewpartner für eine explorative qualitative Untersuchung nicht willkürlich erfolgen, vielmehr muss sie einer nachvollziehbaren Systematik folgen. „Um einen systematischen Zugriff auf Daten in qualitativen Untersuchungen zu gewinnen, müssen zwei Voraussetzungen erfüllt sein: Erstens muss eine Vorstellung über den Fall vorliegen, der untersucht werden soll, und zweitens müssen nachvollziehbare Techniken bei der Ziehung der Stichproben von Personen, Ereignissen oder Aktivitäten dokumentiert werden. (Merkens 2007, S.290)."

Hans Merkens schlägt daher vor, die Elemente der Stichprobe nicht nach dem Zufallsprinzip sondern absichtsvoll auf der Basis eines Kriterienrasters zu ziehen (vgl. Mertens 2007, S.294). So erhalte man eine Reihe von Einzelfällen, in denen etwas Typisches gesehen wird: „Das Ziel ist dabei, das Typische einer Lebenslage in den Blick zu nehmen (Mertens 2007, S.294)."

Die für diese Studie untersuchten Personen mussten dabei folgende Kriterien erfüllen:

- Vorkenntnis des Autors über den Fall
- Subkultureller Akteur
- Arbeit in der Kultur- und Kreativwirtschaft
- Mindestens zwei Jahre Selbstständigkeit

Anhand dieser Kriterien wurden Zehra Spindler, Florian Kreier und Michael Wiethaus für qualitative Interviews ausgewählt.

3.1.3.1. Zehra Spindler/ Agentur für proaktive Zwischennutzung

Zehra Spindler ist 47 Jahre alt und wuchs im Münchner Westend in einer Gastarbeiterfamilie auf und wuchs in der Pubertät in diverse subkulturelle Szenen hinein. Laut eigener Aussage war sie Mod und Skinhead und verbrachte ihre Wochenenden auf Konzerten „headbangend in der ersten Reihe auf den größten Scheiß mit der Augustiner-Flasche in der Hand". Sie sammelte erste Erfahrungen als selbstständige Veranstalterin und wurde durch ihre Aktivität in der Szene zur Nachtleben-Reporterin des Münchner Stadtmagazins. In der Folge entwickelte Sie das Veranstaltungskonzept der „Langen Nacht der Musik", organisierte die Veranstaltungen des alternativen Münchner Stadtgeburtstags „München851" und begann sich für das Thema Zwischennutzung zu interessieren. Ihre großen Zwischennutzungsprojekte in München, das „Puerto Giesing, das „Art Babel" und zuletzt das „BieBie" brachten ihr den inoffiziellen Titel der „Mutti der Münchner Subkultur" ein. Aktuell plant sie die Gründung einer „Agentur für proaktive Zwischennutzung" mit der sie Zwischennutzungsprojekte beratend begleiten will.

3.1.3.2. Florian Kreier/ Musiker, Musikjournalist und Festival-Veranstalter

Florian Kreier ist 33 Jahre alt und wuchs in Grassau im Chiemgau auf. Mit 12 begann seine subkulturelle Sozialisation in der HipHop-Kultur. Als er zum Studium nach München zog schloss er sich diversen Underground-Musiker-Zirkeln der Stadt an und veröffentlichte unter den Pseudonymen Angela Aux und L'egojazz erste eigene Platten. Heute ist er Teil der Independent-Band Aloa Input, veröffentlicht weiterhin Solomaterial als Angela Aux und tritt unter dem Pseudonym Heiner Hendrix als Autor von Gedichten und Kurzgeschichten auf. Außerdem arbeitet er als Musikjournalist für den Bayerischen Rundfunk und veranstaltet das interdisziplinäre Subkultur-Festival „Panama Plus".

3.1.3.3. Michael Wiethaus / Grafik-Designer und Skateboarder

Michael Wiethaus ist 31 Jahr alt und wuchs in Markt Schwaben im Münchner Osten auf. Er sozialisierte sich in der Pubertät in der Skateboard-Kultur. Nach ersten gescheiterten beruflichen Versuchen als Landschaftsgärtner arbeitete er im Münchner Skateshop „Goodstuff" wo er auch seine Neigung zum Grafik-Design entdeckte. Heute ist er Präsident der Münchner Skater-Crew „Curcumas" und arbeitet im Skateshop „Shrn" für den er auch Kleidung und Skateboard-Grafiken entwirft. Außerdem arbeitet er als freiberuflicher Grafiker, unter anderem für die Agentur „Did You Know". Weiterhin doziert Wiethaus an der IFOG Akademie für Grafikdesign, veranstaltet die subkulturelle Ausstellungsreihe „Open Door" und ist als Blogger aktiv.

3.2. Vergleichende Auswertung der Leitfadeninterviews

Die Leitfaden-Interviews wurden im Zeitraum von 20.10 bis 15.11.2015 in München geführt, mit einem Diktiergerät aufgezeichnet und anschließend inhaltlich vollständig transkribiert. Die Auswertung der Leitfadeninterviews wurde dann wie von Meuser und Nagel vorgeschlagen in sechs Schritten durchgeführt: 1. Themenorientierte Transkription; 2. Paraphrasierung; 3. thematische Übersicht; 4. thematischer Vergleich zwischen den Interviews; 5. Konzeptualisierung und Begriffsbildung; 6. Einbindung in theoretische Diskurse (vgl. Meuser, Nagel 2005, S.83ff). Aus der Einbindung in die Theoriediskussion in Kapitel 2 sowie aus dem thematischen Vergleich zwischen den transkribierten Interviews und der damit verbundenen Begriffsbildung ergaben sich vier übergeordnete Themenkomplexe die sowohl in der theoretischen Diskussion als auch in allen drei Interviews ausführlich behandelt wurden:

- Der Begriff „Subkultur"
- Lernen in Szenen und subkulturelles Kapital
- Zwischen subkultureller Ökonomie und Kulturindustrie
- Unternehmertum

In der Folge sollen die Fälle von Zehra Spindler, Florian Kreier und Michael Wiethaus anhand dieser vier Themenkomplexe miteinander verglichen werden und mit den theoretischen Diskursen aus Kapitel 2 abgeglichen werden.

3.2.1. Der Begriff „Subkultur"

Wie wir in Kapitel 2.2. gesehen haben ist der Begriff der „Subkultur" mit zahlreichen unterschiedlichen Bedeutungen aufgeladen. In Kapitel 2.2.6. wurde Subkultur für diese Arbeit definiert als ästhetisch kreative und vom Mainstream abgegrenzte Underground-Kultur, die sich aus differenzierten Symbolen, Codes, modischen Stilen, Ritualen, spezifischen Arten der Raumnutzung und szeneeigenen Hierarchien zusammensetzt. Es ist interessant zu sehen, wie die Akteure der Subkultur – wie sie für diese Arbeit definiert wurde – selber mit dem Begriff umgehen. Zehra Spindler bezieht sich in ihrer Beschreibung sehr stark auf den Kultur-Aspekt des Begriffs, also auf den ästhetischen Output einer Szene und sieht Subkultur nicht im Gegensatz zu einem kulturellen Mainstream sondern als dessen Anfangsstadium:

> „Für mich ist Subkultur Kultur, da wo sie entsteht. Da, wo es vielleicht noch keine Kultur ist. Da, wo es vielleicht irgendwelche Missstände, gesellschaftliche Missstände, gibt und Menschen die thematisieren ohne den riesen Fokus der Öffentlichkeit zu haben. Noch kein Mainstream zu sein, also sowas auch, das kann auch zum Trend werden. Und das ist keine andere Form der Hochkultur, es steht bloß am Anfang, es ist ein anderes Stadium, es ist der Anfang, das Anfangsstadium von Kultur, würd ich mal sagen. Und hat keine Schubladen, also es ist nicht irgendwie anti oder wild oder sonst wie, sondern sehr authentisch. Und daraus können Trends entstehen."

Florian Kreier hingegen sieht die Subkultur klar durch eine Abgrenzung vom Mainstream definiert, betont aber auch die Bedeutung von Ästhetik und eigenen subkulturellen Codes für sein Subkultur-Verständnis:

> „Ich glaube, der Begriff Subkultur macht nur Sinn, wenn es irgendeine Art von Leitkultur gibt. Also wenn es im Musikbereich so etwas wie Mainstream gibt, was es im Moment nicht so wirklich gibt, weil alles so krass verschwimmt, dann kann es auch eine musikalische Subkultur geben. Aber wenn es so wirklich Szenen gibt mit völlig eigenen Deutungsmustern und ästhetischen Mustern und auch einer eigenen Sprache,

einer eigenen Geschichte vielleicht auch. Ich finde zum Beispiel Punk ist immer noch eine Subkultur."

Auch für Michael Wiethaus definiert sich Subkultur durch ein Anderssein durch Existenz außerhalb der gesellschaftlichen Norm, teilweise auch außerhalb der Legalität. Er zieht für seine Subkultur-Definition konkrete subkulturelle Szenen heran:

> „Sachen, die eher so Außenseiterrollen einnehmen. Oder Leute, die teilweise auch was Verbotenes machen. Das würde ich als Subkultur bezeichnen. Skateboarden, Graffiti, Punk-Rock, Hip Hop, Street Art. Keine Ahnung, was es da für eine Definition gibt. Aber das ist für mich schon eher der Begriff dazu. Leute fernab der Norm. Außenseiter, das trifft es ganz gut."

Es zeigt sich also, dass die Deutung des Begriffs „Subkultur" auch zwischen den subkulturellen Akteuren stark variiert. Dies kann auch zum Anlass genommen werden um die Terminologie nochmals in Frage in zu stellen. Was genau ist „Subkultur" und in welchem Verhältnis steht sie beispielsweise zum Begriff der „Szene"? Auch wenn auf diese Fragen im theoretischen Teil dieser Arbeit eingegangen wurde und eine für diese Arbeit sinnvolle Definition von Subkultur aufgezeigt wurde kann sich weitere Forschung auch mit der Begriffsentwicklung dieses so vielseitig konnotierten Begriffs auseinandersetzen.

3.2.2. Lernen In Szenen und subkulturelles Kapital

Mit Bezug auf Ronald Hitzlers Konzept des „Lernens in Szenen" wurde in Kapitel 2.3.2. beschrieben, wie sich Akteure der Subkultur durch aktive Teilhabe an ihrer Szene Kompetenzen aneignen können, die auch außerhalb der Szene verwertbar sind. Alle drei Interviewpartner beschreiben Prozesse ihrer Entwicklung, die als „Lernen in Szenen" gelesen werden können. Michael Wiethaus beschreibt die Mittel-Knappheit in der Subkultur als Schule für Improvisationskunst und Effizienz:

> „Ohne Skateboarden würde ich das nicht machen, was ich jetzt mache, das ist ganz klar. Dann wäre ich jetzt wahrscheinlich noch bei der Bahn und würde S-Bahnen reparieren. Das ist klar. Das ist mein größter Einfluss eigentlich. Weil man als Skateboarder oder als Teil von der Subkultur lernt, mit wenig viel zu machen. Man hat halt nie Geld, aber man lernt mit widrigen Umständen umzugehen. Man hat ständig Stress mit den Bullen oder durchs Reisen ist man ständig blank und man muss ständig improvisieren. Wenn ich mir was nicht leisten kann, dann versuche ich trotzdem das bestmögliche Ergebnis herauszuziehen."

Auch Florian Kreier beschrieb einen vergleichbaren Prozess des Lernens in der durch Mittelknappheit geprägten Subkultur-Szene:

> „Ich meine: Asozialer als in subkulturellen Umständen zu arbeiten, geht überhaupt nicht. Du hast ja nichts. Du hast keine Arbeitszeiten, oder es ist immer Arbeit, was du machst. Du hast überhaupt keine Form von Sicherheit. Alles führt auf deine Person zurück. Wenn ich einen Popsong schreibe und mir jemand sagt, dass das scheiße ist, dann verletzt mich das persönlich. Gestern habe ich eine Doku gesehen, in der Truffaut Hitchcock eine Woche lang interviewt. Irgendwie sprechen die dann über eine Anordnung von Bildern. Und er sagt dann, dass Leute, die mit Stummfilm gearbeitet haben, immer mehr über Film wissen werden als Leute, die nur mit Tonfilm gearbeitet haben. Und ich glaube, dass dieses subkulturelle Organisiertsein – keine Struktur in Anspruch nehmen können, keine vorgefertigten Wege gehen können – dass das einen dazu befähigt, auf eine ganz andere Art und Weise zu verstehen, wie Gesellschaft und Wirtschaft und Volkswirtschaft und Unternehmertum funktioniert."

Zehra Spindler beschreibt ihren Lernprozess durch die Do-It-Yourself-Attitüde des subkulturellen Handelns:

> „Da wächst man rein, wenn man dann irgendwie anfängt, selber was zu machen. Ich bin nicht musikalisch aber ich konsumiere auf kompetente Art meine Musik [lacht], dann überlegt man sich, was man machen kann. Also was man, wie man mitgestalten kann. Also das erste Mal habe ich ein Festival organisiert da war ich so Anfang 20 glaube ich, im „Backstage". Das war das allererste Ding und ich habe so ziemlich alles falsch gemacht, was man falsch machen konnte, also das war total grottenunprofessionell, hat aber kein Schwein gemerkt. Das hat funktioniert. Pressekonferenz war dann, dass ich nicht wusste: Wie macht man das? Habe Journalisten angerufen, habe die zu mir nach Hause bestellt und saß dann bei mir auf dem Bett und um mich herum Journalisten auch auf dem Bett, ich so halb liegend und habe denen davon erzählt. Die können sich heute noch dran erinnern."

Auch Michael Wiethaus beschreibt die Aspekte von „do it yourself" und „learning by doing" bei kreativem subkulturellen Handeln anhand seiner ersten Schritte bei der Gestaltung von Symbolen für die Skateboard-Szene:

> „Irgendwann denkst du dir, jetzt probiere ich das auch mal. Dann kriegst du irgendwann vom Opa einen Fotoapparat in die Hand oder eine Videokamera und dann probierst du das einfach mal aus. Am Anfang hatte ich noch überhaupt nicht die Intention, dass das mein Beruf werden könnte. Ich wusste gar nicht, dass es Grafik-Design gibt. Ich dachte halt, da sitzt jemand, der malt und dann kommt das auf das Brett irgendwie. Und das kam dann eigentlich erst viel später. Aber wenn du anfängst zu skaten und da ein bisschen am Ball bleibst, dann kommt das eigentlich von alleine. Man fotografiert sich, man filmt sich gegenseitig, macht vielleicht so ein eigenes Sign oder so was. Und bei mir kam das dann viel später, dass ich so dachte, okay, ich

könnte das ja eigentlich auch als Beruf machen. Also im Prinzip macht man eigentlich einfach. Man denkt da gar nicht so groß darüber nach, eigentlich. So arbeite ich. Und ich mache halt einfach. So Sachen entstehen eigentlich aus einer Gruppendynamik, aus einer Laune heraus."

Das Konzept des „Lernens in Szenen" wird also von allen drei Interviewpartnern bestätigt. Die Kompetenz-Aneignung erfolgt durch teilweise chaotisches, spontanes, erforschendes, ausprobierendes kreatives Handeln und durch Agieren in einer von Knappheit und fehlenden Strukturen geprägten Szene. So eignen sich die subkulturellen Akteure das in Kapitel 2.3.1 beschriebene „subkulturelle Kapital" an. Der von Sarah Thornton geprägte Begriff beruht auf komplexen theoretischen Überlegungen und taucht daher nicht wortwörtlich im Vokabular der interviewten auf, doch alle drei Interviews beinhalten Passagen, die mit dem Konzept des subkulturellen Kapitals verstanden werden können. Zehra Spindler beispielsweise beschreibt, wie ihre subkulturelle Umdeutung von Raum in Form von Zwischennutzungen sie zur Expertin auf dem Gebiet der Zwischennutzung gemacht hat.

„Ich bin tatsächlich eine Expertin. Man muss ja keine Ausbildung haben, um eine Zwischennutzung zu machen. Aber man muss so ein paar Sachen wissen: Wie geht man vor, wann ist es eine Umnutzung, holt man sich einen Architekten, was weiß ich, es gab auch viele Gespräche mit den Stadtbauräten. Wie kann man eine Zwischennutzung erleichtern? Also du musst Glück haben als kreativer Zwischennutzer, dass du an das richtige Team gerätst. Es gibt zwei Typen von Beamten: Das eine sind die Bedenkenträger und die halten sich genau an die Gesetzte und du wirst deine Zwischennutzung nicht durchbringen. Du wirst drauf zahlen. Und dann gibt es die Tüftler. Und die haben Bock, die haben Schmetterlinge im Bauch, die wissen, die kriegen so einen Ärger, wenn da auch nur einer stört, oder wenn da irgendwas passiert, fällt der Ärger auf die zurück. Und die sind aber bereit, den Ermessensspielraum auszuschöpfen."

In Zehra Spindlers Fall ist es dieses ganz spezifische Wissen über die administrativen Winkelzüge einer Zwischennutzung, diese ganz spezielle Kompetenz der kreativen Umdeutung ungenutzter urbaner Räume, die sich als ihr subkulturelles Kapital darstellt, das ihr innerhalb der Subkultur eine Position in der Organisationselite sichert. Bastian Lange beschreibt diese Kompetenz so: „Funktionseliten in Kreativszenen erlangen Steuerungsfähigkeiten, indem sie den Zugang zu Orten explizit und subtil lenken. Durch die Programmierung von Orten bzw. deren gezielte Ausformung mit Atmosphären erweisen sich die Akteure der Kreativwirtschaft als Raumproduzenten und soziale Architekten des Post-Urbanen (Lange 2007, S.15)." In den flexiblen, kreativ bespielbaren Räumen von Zehra

Spindlers Zwischennutzungsprojekten treffen diverse subkulturelle Szenen aufeinander. Zehra Spindler verfügt also über hohes subkulturelles Kapital in Form ihrer Place-Making-Kompetenz sowie als Knotenpunkt des Netzwerks eines kreativen Milieus.

Michael Wiethaus beschreibt sein subkulturelles Kapital eher als ein Wissen von den modischen Stil-Codes der Skateboard-Kultur.

> „Die banalsten Symbole sind eigentlich echt Klamotten. Du brauchst halt zum Skaten bestimmte Schuhe. Das kannst du dann runter brechen von Hosen, die länger halten, bis zu Pullis, die angenehm sind, oder günstig zu kaufen sind. Dann schaust du dir Videos an, bestimmte Skater-Profis fahren dann halt für eine Marke, wenn du dann einen bestimmten hast, dessen Skaten dir halt mega taugt, dann kaufst du dir natürlich einen Pulli von der Marke. So fängt es, glaube ich, mit der Symbolik an."

Sarah Thornton würde das hier Beschriebene als objektiviertes subkulturelles Kapital bezeichnen: „So subcultural capital is objectified in the form of fashionable haircuts and well-assembled record collections (Thornton 1995, S.14)" Das Kennen des aktuell „hippen" modischen Stils einer Subkultur ist ein wichtiger Distinktionsfaktor innerhalb von Subkulturen, sie sind für Thornton „heavily dependent on people being „in the know" – on being „hip", or „cool", or „happening". „Hipness", in Michael Wiethaus Fall ausgedrückt unter anderem durch Mode und Stil ist also hier als eine Form von subkulturellem Kapital zu bewerten.

Florian Kreier beschreibt sein subkulturelles Kapital ebenfalls als „being in the know", für ihn geht es dabei aber weniger um modische Ästhetik als um musikalische Ästhetik und um mühsam erarbeitetes Wissen von den Strukturen und Mechanismen der Indie-Musik-Szene:

> „Ich habe in Clubs gearbeitet, ich habe als Mischer gearbeitet, ich habe im Radio gearbeitet, ich habe Konzerte gebucht, ich hab Festivals gemacht, in Bands gespielt. Ich habe da mittlerweile so ein breites Wissen, dass ich immer mehr wissen werde über diesen ganzen Bereich als jemand, der nur Booking macht oder so was. Und dieses ganze Wissen, das man sich in mühsamer Kleinstarbeit und in mühsamer Erfahrung über sämtliche Art von Rückschlägen ansammelt, das ist unschlagbar. In der Werbemusik, oder auch in Doku-Vertonungen können wir Menschen gegenüber das als Benefit anführen, dass wir sagen: Hey, das kann schon sein, dass ihr glaubt, dass ihr wisst, wie es ist, aber wir haben in den letzten fünf Jahren 300 Konzerte in zehn verschiedenen Ländern gespielt. Wir wissen, was Menschen für Augen machen, wenn man bestimmte Kombinationen auf der Bühne anschlägt. Das ist ein ganz anderes Wissen, Erfahrungswissen, praktisches Wissen, das unschlagbar ist."

In dieser Passage deutet Florian Kreier auch schon den nächsten wichtigen Themenkomplex dieser Untersuchung an: Die Konvertierbarkeit von subkulturellem Kapital in ökonomisches Kapital, die in subkultur-internen Ökonomien oder in einem Transfer subkulturellen Kapitals in die Kulturindustrie erreicht werden kann.

3.2.3. Zwischen subkultur-interner Ökonomie und Kulturindustrie

In Kapitel 2.3.3 wurde die subkultur-interne Ökonomie als eine Möglichkeit für wirtschaftliches Agieren von subkulturellen Akteuren beschrieben. Michael Wiethaus erzählt in folgender Passage, wie ihm die Szene-Ökonomie, die sich um den Skateshop, in dem Wiethaus arbeitete, entfaltete, das erste Mal das Gefühl gab, mit seinem subkulturellen Kapital auch Geld verdienen zu können:

> „Im Shop hatte ich dann mal die Möglichkeit, ein Shirt zu machen. Dann hat er mir halt 500 Euro in die Hand gedrückt und ich hab halt so ein Teil gezeichnet. Und dann checkst du halt: Okay, da bezahlt mich einer fürs Zeichnen. Das, was du halt eh machst. Und dann hat man natürlich Bock drauf. So simpel ist es eigentlich. Am Anfang macht man das so für sich und für seine Homies und dann gibt dir einer Geld dafür und dann macht es halt Klick. Durch den Job im Skateshop kannte ich dann viele Leute die selber Klamotten machen, die Shops haben, die sich dann austauschen. Magst du nicht mal ein Plattencover machen, magst nicht mal ein T-Shirt machen? Hast du Bock mal Fotos auf einem Event zu machen? Die Basis davon war also so der Skateshop. Dadurch habe ich dann so viele Leute kennengelernt, die mir die Möglichkeit gegeben haben, Output zu generieren."

Michaela Pfadenhauer beschreibt „Wissen über kulturspezifische Codes und ihre Bedeutung, über implizite Regeln, Informationen über neueste Szene-Trends und zielgruppenspezifische Erwartungen (vgl. Pfadenhauer 2000, S.104)" sowie einen langjährigen engen Szenekontakt als Voraussetzungen, um an der Organisationselite teilzuhaben und somit von der subkultur-internen Ökonomie profitieren zu können. Bei Michael Wiethaus entwickelten sich beide Faktoren im Mikrokosmos des Skateshops.

Zerah Spindler beschreibt eher ein Scheitern ihrer Versuche auf dem Terrain der subkultur-internen Ökonomie und nennt dabei die Beispiele ihrer Zwischennutzungsprojekte „Puerto Giesing" und „Art Babel", die zwar inhaltlich und in der Außenwahrnehmung große Erfolge waren, was sich für Zerah Spindler aber nicht in ökonomisches Kapital umwandeln ließ:

> „Einige meiner Projekte sind eher auch gescheitert. Also Puerto Giesing war super, also auch nach außen hin. Aber da war ich mit Gastro-Leuten zusammen, die mich verarscht haben. Also die haben halt die ganzen Einnahmen nicht transparent gehal-

ten, da bin ich leer ausgegangen. „Art Babel": wieder das gleiche. Bin ich jetzt das Opfer? Ich tue eigentlich Gutes, also ich will auch, dass es den Künstlern gut geht und so weiter. Und bin aber diejenige, die sich ausbeuten lässt."

Was Zehra Spindler hier beschreibt ist unternehmerisches Scheitern, das aus diversen Gründen, überall da vorkommt wo es unternehmerische Chancen gibt, so auch in der subkultur-internen Ökonomie.

Florian Kreier nimmt sein eigenes wirtschaftliches Handeln als Agieren im Grenzbereich zwischen subkultur-interner Ökonomie und Kulturindustrie war:

> „Ich glaube, ich stehe immer mit einem Bein in beiden Bereichen. Ich bin so ein, ‚Gatekeeper' ist das falsche Wort, aber ich bin so ein ‚Gateholder'. Beim BR (Bayerischer Rundfunk) ist es so, dass ich Sachen aus dem einen Bereich in den anderen Bereich verkaufen kann. Wenn ich als Band Musik mache, dann bin ich ja auch angewiesen auf den anderen Bereich. Wenn ich für Aloa Input Songs schreibe, dann will ich ja, dass die überall im Fernsehen laufen. Aber mir ist ein Hunnie, den ich bei einem Konzert verdiene so viel mehr wert als 400 Euro, die ich für zwei Tage beim BR bekomme. Das Geld hat eine ganz andere Wertigkeit. Das habe ich dann im Geldbeutel und finde das dann ganz cool, dass es da drin ist und will es dann auch nicht so einfach raushauen. Und das Geld, das auf meinem Konto ist das ist dann hier so [macht Pfeif-Geräusch], davon kaufe ich mir dann neue Platten. Das ist eine ganz andere Einstellung."

Kreier beschreibt hier sehr aufschlussreich, wie er sein subkulturelles Kapital – sein Wissen über aktuelle Bands der Independent Musik-Szene – in seiner Rolle als Musikjournalist an den Bayerischen Rundfunk als etablierte Institution der Kulturökonomie verkaufen kann und so sein subkulturelles in ökonomisches Kapital umwandelt. Außerdem beschreibt Kreier einen interessanten ideellen Wertunterschied zwischen den Erlösen seines subkulturell-ökonomischen Handelns und seinen Einnahmen aus der Zusammenarbeit mit dem Bayerischen Rundfunk.

Michael Wiethaus beschreibt den in Kapitel 2.3.4. beschriebenen Prozess der Integration der Subkultur in die Innovationsstrategien der Industrie am Beispiel einer Kooperation des Skateshops „Shrn" mit dem Sportartikel-Hersteller Nike:

> „Je größer du wächst, desto interessanter wirst du dann auch für so Sachen wie Nike. Also das Internet hat in der Entwicklung natürlich auch einen großen Stellenwert. Das ist jetzt einfacher für uns, wenn ich jetzt auf den Shop gehe, für den ich jetzt arbeite, so ein kleiner Skateshop in München. Das wäre vor 10/15 Jahren nicht möglich gewesen, für Nike zu arbeiten. Das wäre bis vor ein paar Jahren noch gar nicht interessant für die gewesen. Subkultur ist für Nike einfach enorm attraktiv. Das vermit-

telt halt Glaubwürdigkeit und ne Coolness. Komischerweise will das ja jeder haben. Auch Leute, die nichts mit Skaten am Hut haben. Man will halt irgendwie cool sein."

Wiethaus beschreibt hier die Suche der Industrie nach „Coolness", nach dem nächsten Nischen-Markt, nach dem neuesten Trend, der nur durch die Akteure der Subkultur geliefert sowie authentisch vermittelt werden kann. Eutenauer beschreibt diesen Prozess folgendermaßen: „Die wachsende Nachfrage nach diversifizierten, mit kultureller Bedeutung aufgeladenen Produkten kann nur durch die Integration Kultur vermittelnder und produzierender Dienstleistungen in die Wirtschaftssphäre befriedigt werden (Eutenauer 2011, S.19)." Bei diesem Angebot „Kultur vermittelnder und produzierender Dienstleistungen" setzt auch Zehra Spindler an, die die Gründung einer „Agentur für proaktive Zwischennutzung" plant, mit der sie staatliche Institutionen oder private Immobilienbesitzer und Investoren bei Zwischennutzungsprojekten beraten möchte.

„Proaktive Zwischennutzung! Ich: Agentur. Ihr bezahlt mich. Kunden wären für mich die Stadt, zum Beispiel. Kooperationen. Ich könnte mir vorstellen, dass das, was der Jürgen Enninger (Kompetenzteam Kultur- und Kreativwirtschaft der Stadt München, siehe Kapitel 4) macht, zum Beispiel auch eine Agentur braucht, die ihm zuarbeitet. Also jemanden, der in der Szene wirklich drin hockt, der mit Investoren vernetzt ist, mit der Stadt auch vernetzt ist. Da werden vielleicht die Grundsteine gelegt. Die schicken dir Leute und ich kann die begleiten und weiß, worauf es ankommt bei konkreten Inhalten. Dann, wie es jetzt gerade passiert: Gemeinden zum Beispiel. Die hören ja jetzt so zum ersten Mal teilweise diesen Begriff „Kreativwirtschaft" und finden das extrem sexy. Gerade in Gemeinden, wo die Jungen abwandern, für die nicht mehr viel geboten ist, eine gute Infrastruktur für Ältere geschaffen ist, die eine Außenwirkung sozusagen haben möchten und auch wieder eine Einladung für junge Kreative, für Startups sein wollen. Also das geht dann schon in Richtung Wirtschaft-Change-Management, dass man da engagiert wird von Gemeinden."

Zehra Spindler beschreibt hier also die Geschäftsidee, ihr subkulturelles Kapital in Form von Raum-Nutzungs-Kompetenzen als beratende Agentur anzubieten. Inwiefern sie daraus ein erfolgreiches Geschäftsmodell machen kann muss sich erst noch zeigen. Der Erfolg oder Misserfolg ihrer „Agentur für proaktive Zwischennutzung" wird in erheblichem Maße auch von ihren unternehmerischen Fähigkeiten abhängen.

3.2.4. Subkultur-Unternehmertum

In Kapitel 2.4 wurde der Subkultur-Unternehmer definiert als neuer Kulturunternehmer in der Kultur- und Kreativwirtschaft, dessen Prozess der Wertschöpfung weitestgehend auf dem Einsatz von „subkulturellem Kapital" beruht. Ein wichtiger Teil dieser Definition wiederum ist der Begriff des „neuen Kulturunternehmers, der in Kapitel 2.1 beschrieben wurde. Die Forschungsliteratur zu diesem neuen Unternehmertypus beschreibt ihn Schablonenhaft als geprägt von einem individualistischen Wertesystem, auf der Suche nach Selbstverwirklichung die er einer gesicherten finanziellen Existenz vorzieht und in flexiblen projektorientierten Arbeitsverhältnissen organisiert. In Michael Wiethaus Beschreibung seiner beruflichen Lebenswirklichkeit können all diese Elemente gefunden werden:

> „Ich stelle mich jetzt nicht hin und sage, ich bin voll der Selbstverwirklicher. Man agiert eigentlich viel mehr aus einem Gefühl heraus. Man kann eigentlich schwer etwas dagegen tun. Ich könnte mir jetzt natürlich auch einen Arbeitgeber suchen, der mir das Doppelte an Geld gibt, von dem, was ich jetzt gerade einnehme, aber so bin ich halt nicht. Faktisch bin ich in dem Laden, in dem ich arbeite angestellt, bin da aber physisch nur zwei Mal die Woche. Um Geld zu verdienen, arbeite ich eben nebenher als Freiberufler, alles auf Rechnung, bin da als Dozent angestellt, in der Uni, an der ich selbst studiert habe, einmal die Woche und zwei Mal die Woche bin ich in der Agentur, in der ich der einzige Grafiker bin. Davor war ich in einem Verlag angestellt. Aber dieses gebunden sein – man hat halt einfach keinen Freiraum, um das zu machen, was man will."

Das Verlangen nach Freiraum zur Entfaltung dessen was „man will" sowie der hier beschrieben Verzicht auf „das Doppelte an Geld" um sich diesen Freiraum zu bewahren deuten auf einen individualistischen Wertekanon hin. Die Arbeit im Skateshop sowie als freiberuflicher Grafiker, als Dozent und als Grafiker für eine Agentur zeigt Wiethaus als Paradebeispiel des neuen Kulturunternehmers, den Roland Hitzler als „Existenzbastler (vgl. Hitzler 2001, S.182) beschreibt. Angela McRobbie erklärt die Notwendigkeit der vielen gleichzeitigen Jobs folgendermaßen: „Wer im kreativen Bereich tätig ist, kann sich nicht mehr auf althergebrachte Arbeitsmuster, wie sie bislang für die Welt der Kunst galten, verlassen; man muss neue Wege finden und sich die neue Kulturwirtschaft „erarbeiten", was in steigendem Maße die gleichzeitige Betreuung von drei oder gar vier Projekten bedeutet. In einem Bereich in dem es viele Anbieter gibt und ein scharfer Wettbewerb herrscht, muss man so handeln, denn dem Kunden werden immer niedrigere Preise angeboten, um die Mitbewerber auszustechen. Der „Kulturunternehmer" muss daher mehrere Jobs gleichzeitig organisieren, um einigermaßen zurechtzukommen (McRobbie 2001, S.281)"

Auch Im Gespräch mit Florian Kreier konnten sowohl Hinweise auf ein individualistisches Wertesystem als auch auf die für den Subkultur-Unternehmer typische flexible und projektorientierte Arbeitsorganisation gefunden werden. In dieser Passage beschreibt Kreier seinen Drang nach Selbstverwirklichung und den gleichzeitigen Konflikt mit einer prekären Existenz:

> „Ich lese halt gerade die Tom Waits Biographie und mir wird dazu so klar, wie wichtig das ist, dass man sich nur die Frage stellt, worauf man selber gerade Bock hat und wie man das möglichst radikal umsetzt. Dass man für die Meinungen dann sowieso nichts kann und dass man deshalb auch nicht zu viel Wert drauf legt. Das ist echt so das Wichtigste, glaube ich. Ich verdiene, gefühlt zumindest, weniger und habe weniger Sicherheiten. Dafür stelle mir nicht dauernd die Frage: Was mache ich hier eigentlich? Ich glaube auch nicht, dass ich zu etwas Anderem fähig bin. Wenn ich zu sehr eingebunden bin, dann macht mir das Angst. Dann werde ich unkreativ. Das macht mich kaputt. Also ist die Art zu leben, wie ich lebe, die einzige Art, wie ich leben kann. Dieses ganze vom Hundertsten ins Tausendste zu kommen, die ganze Zeit etwas Neues zu machen, immer so Spinnereien, die ganze Zeit planen und immer mit neuen, coolen Jungs ein neues Baumhaus bauen, das ist eigentlich total kindisch, was ich mache."

Die Formulierung „Mit neuen, coolen Jungs ein neues Baumhaus bauen" ist eine treffende Metapher für das, was Bastian Lange das Agieren in „quasi-familiaren sowie informellen Interaktionsgeflechten (Lange 2007, S.115)" nennt. „Diese unternehmerischen Subjekte operieren nie allein, sondern immer in kommunikativ eingerichteten Wissensnetzen (Lange 2007, S.15)." Der Hinweis auf das „Kindische" in Kreiers Handlunsweise kann mit dem Begriff des „spielerischen Unternehmertums" verknüpft werden, den Michaela Pfadenhauer als Facette subkulturellen Unternehmertums eingeführt hat (vgl. Pfadenhauer 2000).

Aber inwieweit sehen sich die Befragten dieser Studie selbst überhaupt als „unternehmerische Subjekte"? Zehra Spindler beschreibt durchaus eine gewisse Distanz zu dem ökonomischen Terminus des Unternehmers, erkennt aber auch die Notwendigkeit des unternehmerischen Denkens für den Erfolg ihrer Aktivitäten:

> „Ja also das war so, dass ich das eigentlich von mir weggehalten habe. Gestern habe ich gesagt: Ich will damit nichts zu tun haben, ich hole mir einfach Leute rein aus der Gastronomie. Ich bin kulant und sag: 50:50. Und ich will damit nichts zu tun haben und bin dann aber zwei, dreimal hintereinander so böse baden gegangen und als Kreativer hast du auch oft Berührungsängste diesem Unternehmertum gegenüber. Du willst eigentlich nur kreativ sein und, dass das honoriert wird. Aber das funktioniert nicht. Du musst unternehmerisch denken, sonst kannst du nicht kreativ sein. Und die meisten Künstler, die meisten Kreativen, die erfolgreich sind, die ich kenne, die vereinen beides in sich: Kreativität und Unternehmertum."

Michael Wiethaus verbindet mit dem Begriff „Unternehmertum" eher ein auf Wachstum ausgelegtes Agieren als Arbeitgeber und sieht bei sich keine Tendenzen, sich in diese Richtung entwickeln zu wollen:

> „Unternehmertum? Da müsste ich erstmal darüber nachdenken, wie ich das für mich definiere. Ich bin jetzt nicht jemand, der wachsen möchte. Ich habe nicht die Ambition, Mitarbeiter zu haben. Momentan bin ich eher so als Einzelkämpfer unterwegs. Aber halt immer in verschiedenen Arbeitsstätten, die ich habe, schon auch immer im Team zusammen. Ich muss natürlich von etwas leben und suche mir dann verschiedene Sachen, die es gibt. Aber dann selbst zu sagen, jetzt bin ich der Boss, so weit bin ich da noch nicht. Aber wenn man sagt, als Unternehmer muss man Geld reinkriegen, dann mache ich das natürlich schon."

Diese Passage zeigt ebenfalls, dass nicht jeder faktisch unternehmerisch Agierende sich selbst auch als Unternehmer begreift. Da unternehmerisches Denken zielgerichtetem wirtschaftlichem Handeln vorausgeht, plädiert beispielsweise Birgit Mandel dafür, „dass sich Neue Kulturunternehmer nicht nur als Kulturschaffende, sondern auch als Unternehmer definieren und die eigenen Dienstleistungen zu angemessenen Preisen, selbstbewusst und offensiv, auf dem Markt positionieren (Mandel 2007, S. 10)." In diesem Sinn ist in Florian Kreiers Aussagen eine klar unternehmerische Denkweise am stärksten ausgeprägt:

> „Seit ich Musik ernsthaft mache, war immer schon bei mir das Bewusstsein da, dass es entweder funktioniert, dann verdient man Geld damit auf irgendeine Art und Weise, oder es funktioniert nicht und dann verdient man kein Geld damit. Einerseits so Auftragsmusik und auch so eine wirtschaftliche Denke, in dem Sinn, dass man halt sagt: Okay man hat ein Image und man ist auch ein Produkt. Man macht sich ja zum Produkt. Und die ganzen Sachen müssen ja irgendwie laufen. Deswegen müssen die Sachen auf Labels rauskommen. Man kann nicht einfach nur so veröffentlichen. Umsonst Konzerte spielen, das waren alles so Sachen, auf die ich eigentlich nie Bock hatte."

„Man macht sich ja zum Produkt" – hier weist Kreier klar auf die Bedeutung der „Ich-Ressource (vgl. Verwoert 2003) hin – ein elementarer Bestandteil in der Definition des neuen Kulturunternehmertums. Obwohl in Passagen der Gespräche mit Zehra Spindler und Michael Wiethaus analysiert werden konnte, dass ihr unternehmerisches Handeln auf den Einsatz ihres subkulturellen Kapitals zurückgeht, verbalisiert nur Florian Kreier ganz konkret ein Verhältnis zum Begriff des „Subkultur-Unterehmers":

> „Wenn ich Sachen für die Band mache, ist es natürlich Subkultur, wenn ich aber Auftragsmusik mache für so BR-Produktionen, ist es dann noch Subkultur? Wenn

ich Werbung mache, ist es bestimmt keine Subkultur mehr. Ich mache ja auch gleichzeitig Sachen, die subkulturell sind, und Sachen, die so mainstreamig sind. Aber ich bin in jedem Fall so etwas wie ein Subunternehmer. Also ein subgesellschaftlicher Unternehmer."

3.3. Zusammenfassung der Ergebnisse

Der Begriff der „Subkultur" ist umstritten, das zeigt sich auch in der Wahrnehmung des Begriffs durch ihre Akteure, die Subkultur voneinander abweichend definieren, entweder als kulturellen Output einer Szene der noch in einem Anfangsstadium steckt und sich zum Mainstream entwickeln kann, oder als klar in Abgrenzung zu einer Leitkultur definierte Gegenkultur. Alle befragten subkulturellen Akteure betonten aber die ästhetische Komponente von Subkultur, ihr schöpferisches Potenzial.

So beschreiben alle drei Gesprächspartner ihr kreatives Schaffen in subkulturellen Szenen als eine Form von Ausbildungsprozess und bestätigen damit Ronald Hitzlers Theorie vom „Lernen in Szenen". Dabei konnten vor allem zwei zur Kompetenzaneignung wichtige Aspekte subkulturellen Agierens beschrieben werden. Zum einen die Mittel- uns Strukturknappheit in subkulturellen Szenen, die ihre kreativen Akteure zum Improvisieren und zur Effizienz zwingt. Zum anderen die Kultur des „do it yourself" und des „learning by doing" die in subkulturellen Szenen vorherrscht und ihren Akteuren ein Lernen durch zu beginn dilettantisches Handeln ermöglicht.

Durch diesen Lernprozess sowie eine langjährige aktive Teilhabe am subkulturellen Leben einer Szene konnten die Gesprächspartner subkulturelles Kapital anhäufen und einen Platz in der Organisationselite ihrer Subkultur einnehmen. Zehra Spindlers subkulturelles Kapital besteht hauptsächlich aus der Kompetenz des „Place-Making", des Umdeutens und kreativen Aufladens von leerstehendem Raum sowie in ihrer Rolle als Knotenpunkt eines kreativen subkulturellen Netzwerks. Michael Wiethaus beschreibt sein subkulturelles Kapital eher mit einem ausdifferenzierten Bewusstsein für den modischen Stil und die visuelle Ästhetik der Subkultur Skateboarding. Florian Kreier verweist auf sein praktisches Erfahrungswissen von den Strukturen und der musikalischen Ästhetik der Indie-Musikszene.

Alle drei Gesprächspartner haben mit unterschiedlichem Erfolg Wege gefunden, ihr subkulturelles Kapital sowohl subkultur-intern als auch im Austausch mit der etablierten Kulturindustrie in ökonomisches Kapital umzuwandeln. Zehra Spindler beschreibt das ökonomische Scheitern ihrer subkultur-internen Zwischennutzungsprojekte trotz ideellem Erfolg. Sie plant nun, ihr subkulturelles Kapital in Form einer „Agentur für proaktive Zwischennutzung" Kunden wie staatlichen Institutionen oder Immobilien-Investoren anzubieten. Michael Wiethaus agiert auf dem Gebiet der subkultur-internen Ökonomie, wenn er sein Ästhetisches Bewusstsein für die Gestaltung von T-Shits, Skateboards, Magazinen und weiteren Medienprodukten für die Szene einsetzt oder mit seinem Ausstellungsprojekt „Open Door", bei dem er als Event-Produzent und Raumöffner subkulturellen Kreativen eine Plattform bietet. Weiterhin beschreibt er das Interesse der Industrie an seiner subkulturellen Ästhetik beispielhaft anhand eines kooperativen Projekts mit dem Sportartikel-Hersteller Nike. Florian Kreier beschreibt sein wirtschaftliches Handeln auf dem subkultur-internen Markt der Independent-Musik in einem ideellen Gegensatz zu den Transferleistung seines Wissens über diese Szene, die er für die etablierte Kulturindustrie-Institution der öffentlich-rechtlichen Rundfunkanstalt erbringt. Er bestätigt aber die Konvertierbarkeit von subkulturellem in ökonomisches Kapital.

Florian Kreier und Michael Wiethaus formulieren einen individualistischen und an Selbstverwirklichung orientierten Wertekanon als Basis ihres wirtschaftlichen Handelns. Sie beschreiben weiterhin das Ausüben mehrerer Jobs in mehreren Projekten gelichzeitig, prekäre Existenzbedingungen, flexible Arbeitsorganisation und das Agieren in informellen Netzwerken als wichtige Elemente ihres beruflichen Handelns. Diese Beschreibungen stimmen mit der Beschreibung des Typus des „neuen Kulturunternehmers" überein, obwohl Wiethaus sich selbst nicht als „Unternhemer" bezeichnet. Zehra Spindler beschreibt eine gewisse Distanz zum Begriff des Unternehmertums, ist sich aber ihrer faktischen Unternehmertätigkeit bewusst und hält strukturiertes unternehmerisches Handeln auch für einen Erfolgsfaktor ihres kreativen Schaffens. Florian Kreier schließlich definiert sich als „Ich-Unternehmer" wenn er von sich selbst als Produkt spricht und stellt auch einen klaren Bezug zur Bedeutung seines subkulturellen Kapitals für sein Unternehmertum her indem er sich einen „subgesellschaftlichen Unternehmer" nennt.

4. Ein Gespräch mit Jürgen Enninger und Susanne Mitterer vom Kompetenzteam Kultur- und Kreativwirtschaft der Stadt München

Eingangs dieser Arbeit wurde der Bericht „Start-Up Bayern (Henzler 2013)" der bayerischen Staatskanzlei erwähnt in dem explizit die Subkultur als Motor für Gründungen in der Kreativwirtschaft erwähnt wird. Darin heißt es: „Vor allem im Kreativbereich muss dem Thema „Subkulturen" mehr Bedeutung zugemessen werden. Für diese muss die Netzwerkbildung und Clusterung durch ein Angebot von geeigneten Räumlichkeiten, Events und Unterstützungsstrukturen gefördert werden." Eine dieser Unterstützungsstrukturen der Stadt München ist das „Kompetenzteam Kultur- und Kreativwirtschaft", das Referatsübergreifend organisiert ist und (werdende) Kulturunternehmer Berät sowie Netzwerkveranstaltungen anbietet. In der Folge soll Anhand eines Gesprächs mit dem Leiter des Kompetenzteams, Jürgen Enninger, sowie der Beraterin Susanne Mitterer eine ergänzende Perspektive auf die Wechselwirkungen zwischen Subkultur und Unternehmertum in der Kultur- und Kreativwirtschaft aufgezeigt werden.

Was bedeutet für Sie der Begriff Subkultur?

Jürgen Enninger: Subkultur würde ich im weitesten Sinne mit freier Szene übersetzen. Vielleicht also das, was man sozusagen im Gegensatz zur Hochkultur sieht. Also diese kleinteiligere Kultur, die sich als Entwurf einer Gegenkultur sieht.

Susanne Mitterer: Der begriff der freien Szene ist mir auch etwas gängiger. Wenn der Begriff „Subkultur" kommt, erlebe ich ihn als eine Facette, die dazu kommt in Abgrenzung zur etablierten Kultur also dort, wo dieser Abgrenzungs-Distanzierungsaspekt eine Rolle spielt.

Der Begriff ist nicht so leicht fassbar. Trotzdem steht im Bericht „Start-Ups in Bayern" der bayerischen Staatskanzlei, man müsse bei der Subkultur ansetzen um Kreativwirtschaft zu fördern. Was steckt dahinter?

Jürgen Enninger: Es gibt da eine Vielzahl an Wechselwirkungen. Die Wechselwirkung besteht darin, dass ich durch die subkulturelle Förderung Ermöglichungsräume schaffe, die inkubatorisch wirken, das heißt im Rahmen dieser subkulturellen Förderung können Kultur- und Kreativschaffende sich ausprobieren und es können damit auch Geschäftsideen entstehen. Es gibt da aber auch ein Spannungsfeld zwischen Kulturförderung und Wirtschaftsförderung. Kulturförderung hat immer den Schwerpunkt Vielfalt zu fördern, auch wenn der Einzelne nicht davon leben kann. Bei der Wirtschaftsförderung steht immer die wirtschaftliche Existenz des Einzelnen im Mittelpunkt und da gibt es sofort Konflikte weil zu einem Wirtschaftsfördermechanismus automatisch eine Art von Verknappung gehört. Also etwas nicht mehr zu tun, weil ich mich unter Wert verkaufe, ist ein ganz wichtiger Aspekt der eigenen Wirtschaftlichkeit. Die Kulturförderung will sagen: „Mach's bitte weil wir brauchen kulturelle Vielfalt". Also, ja es gibt die Wechselwirkung im positiven Sinne aber gleichzeitig gibt es auch Aspekte, die muss man sehr kritisch sehen.

Was genau sehen Sie kritisch?

Jürgen Enninger: Ich würde schon unterstreichen, dass die freie Szene und die Subkultur, ein wichtiger Motor sind für die kreative Stadt, also zur Stadtentwicklung. Aber natürlich dann auch zur Kleintätigkeit der freiberuflichen und kreativwirtschaftlichen Beschäftigung. Da gibt es einen sehr engen, sehr wichtigen Zusammenhang und man muss da jeden Fördertopf umdrehen und gucken, wie wirken denn diese Fördertöpfe? Über Jahrzehnte hatten wir das Thema Projektförderung. Leute die sich in die Projektförderung stürzen wurden dann Mitte 50, hatten keine Versicherung und konnten immer weniger Projekte machen. Aus solchen Bereichen müssen wir im Kulturbereich rauskommen. Diesen Aspekt bringen wir mit unserer Arbeit hinzu. Man muss diese „Zellung" aufheben zwischen Kultur- und Wirtschaftsförderung. Das gehört zusammen. Da ist die Kulturförderung ganz wichtig und da ist auch die Wirtschaftsförderung ganz wichtig, weil sie den Menschen ermöglicht, sich selber und Anderen gegenüber wertschätzend auf einen Markt zu gehen, auf dem sie nun mal sind und dem sie sich nicht entziehen können.

Wenn die Subkultur das Potenzial hat, positiv in die Kreativwirtschaft auszustrahlen, Inwiefern kann man dann Entstehung und Entfaltung subkultureller Aktivitäten fördern?

Susanne Mitterer: Subkultur entsteht genau da, wo eine Energie da ist, wo vielleicht auch ein Suchen nach dem Anderen ist. Nach dem Nicht-Fertigen. Ein sich Wehren gegen Etabliertes. Man muss Räume schaffen, damit so was entstehen kann, aber auch nicht zu viel Raum, weil es hier nicht um geschützte Biotope geht. Es hat also viel damit zu tun, Räume bereitzustellen, Räume die nicht vollständig reglementiert sind und auch auszuhalten, dass dort nicht alles reglementiert ist. Aber es gibt natürlich auch einzelne projektbedingte Förderungen für Projekte, die eine Ausstrahlung haben, über das Einzelprojekt hinaus, oder auch in vernetzender Weise.

Für Unternehmer aus der Subkultur ist es auch wichtig, ihre Fähigkeiten größeren Unternehmen als Dienstleistung anzubieten. Wie kann man die Durchlässigkeit von Ideen und kreativem Potenzial der Subkultur auf einen größeren Markt fördern?

Jürgen Enninger: Das machen wir über Netzwerkveranstaltungen und Branchenhearings. Da geht es darum, größere und kleinere Unternehmen innerhalb eines Teilmarkts der Kultur-und Kreativwirtschaft zusammen zu bringen. Das Problem ist: in der Kreativwirtschaft sind viele Kleine und in der klassischen Wirtschaft sind wenige Große. Das macht die Branche natürlich erst mal verletzlicher für Ideenklau. Da haben wir auch eine Verantwortung, als Einrichtung von Kreativschaffenden, dass die Ideen in einem Rahmen formuliert werden, in dem sie für die Kreativen dann auch wirtschaftlich tragfähig umgesetzt werden können.

Zu Ihnen kommen Menschen, die sich in der Kreativwirtschaft selbstständig machen um sich beraten zu lassen. Worum geht es in diesen Gesprächen?

Jürgen Enninger: Unsere Themen sind: Akquise, Vermarktung, Finanzierung, Förderung, Raum, Social Media. Wie verkaufe ich mich? Wie mache ich mich selbst zur Marke? Aber auch das Thema Freiraum ist uns wichtig und zwar nicht nur aus physischem Raum, sondern als Möglichkeit, etwas anders zu denken, etwas anders zu machen. Für mich ist das schon Subkultur. Sozusagen etwas, das in etablierter Weise gedacht wird, neu zu denken. Und ich glaube, dass das zwar einerseits im kulturellen Kontext stattfindet, aber dass es auch im wirtschaftlichen Kontext stattfindet. Und wenn die freie Szene der Kultur es schafft, diese Fragen, die sie im kulturellen Kontext stellen, auch im wirtschaftlichen Kontext zu stellen, dann glaube ich, haben sie einen ganz starken neuen Freiraum gewonnen, der ihnen auch wirtschaftlich weiterhilft. Also auch in der Kultur ist das Querdenken ein subkultureller Impuls, der aus den Szenen kommt. Insofern, ist da das zentrale Element, den Akteuren Freiräume zu geben, um dieses Querdenken zu ermöglichen. Der nächste Schritt wäre dann zu kanalisieren, inwiefern etwas wirtschaftlich relevant werden kann.

Sie sprechen das Querdenken als Stärke subkultureller Akteure an. Können sie ein spezielles Skillset beobachten, das Akteure der Subkultur auf den Markt der Kreativwirtschaft mitbringen?

Susanne Mitterer: Ich erlebe Menschen, die da eine unglaubliche Energie haben, eine Vielfalt zu denken, die mich auch immer wieder überraschen. Ich erlebe und kenne aber auch Leute, bei denen ich das Gefühl habe, für sie bedeutet Subkultur auch eine gewisse Nische, in der sie gar nicht wirtschaftlich sein müssen.

Jürgen Enninger: Man muss auch ein bisschen an diesem Mythos Subkultur kratzen. Wahnsinnig viele Kultur- und Kreativschaffende machen in eher klassischen Werken wenig innovative Dinge, machen diese aber gut und ihr Geschäft läuft. Man darf den Innovationsbegriff auch nicht überstrapazieren. Trotzdem ist subkulturelles Denken in der Kultur- und Kreativwirtschaft wichtig, weil sie in kleineren flexibleren Gruppen agiert und damit auch den Bedürfnissen, die spontan entstehen, schneller gerecht werden kann. Dadurch ist natürlich ständig das Querdenken gefragt und das ständige Improvisieren am Existenzminimum.

Sie sprechen die oft prekäre Existenz von selbstständigen in der Kultur- und Kreativwirtschaft an. Wie gehen sie als Berater dieser Mikro-Unternehmer vor um ein Bewusstsein für eine gewisse oder wirtschaftliche Existenzsicherheit herzustellen?

Susanne Mitterer: Es geht darum, dass sie ein Bewusstsein dafür entwickeln, wo sie nicht nur künstlerisch kreativ agieren können, sondern wo sie auch Unternehmer sind? Das sind sie ja ganz automatisch, ob sie das bewusst oder unbewusst machen. In dem Moment wenn sie eine Bankkarte haben, zum Geldautomaten gehen, wenn sie in der Früh ihren Raum aufschließen - egal ob das ihre Wohnung ist, in der sie arbeiten, oder ob das ein großes Atelier ist - sie sind unternehmerisch tätig. An der Stelle wollen wir sie unterstützen, sie sensibilisieren mit diesen Fragen: Was ist ihre Marke? Was ist ihr Produkt? Wo sind sie am Markt? Es geht darum ihnen auch das Selbstbewusstsein zu geben zu sagen: „Das was ich mache hat einen Wert und damit gehe ich offensiv um." Aber auch ein Selbstbewusstsein für: „Ja ich bin Unternehmer und das ist okay".

Sehen sich denn viele der Selbstständigen in der Kreativwirtschaft als Unternehmer oder ist das ein Begriff mit dem viele nichts zu tun haben wollen?

Jürgen Enninger: Das ist schon ein Prozess, bei dem wir missionarisch unterwegs sind und bei dem wir, glaube ich, auch erfolgreich sind, sodass immer mehr Leute sich auch als Unternehmer verstehen. Wir müssen damit aufhören, zu denken es gäbe einen Widerspruch zwischen Kulturschaffen und Unternehmertum. Das ist in Amerika überhaupt kein Thema. Ich kann nicht nicht kommunizieren, ich kann nicht nicht wirtschaftlich aktiv sein. Auch wenn es meine Arbeitskraft ist, die ich dann letztendlich anbiete wie das Freiberufler machen. Je bewusster ich das mache, desto verantwortungsvoller gehe ich damit um. Wir wissen, dass es in Fremdausbeutungs-Mechanismen endet, wenn man diese Verantwortung nicht wahrnimmt. Wir brauchen unsere BWL-Begriffe wie den Begriff des „Unternehmers" nicht um jemandem bewusst zu machen, dass seine Arbeit einen Wert hat und dass der Wert auch irgendwie ausgedrückt werden muss.

5. Fazit

In dieser Arbeit wurde gezeigt, dass die Subkultur durchaus als Nährboden für Unternehmensgründungen in der Kultur- und Kreativwirtschaft bezeichnet werden kann. Subkultur-Unternehmer nutzen ihr durch „Lernen in Szenen" akkumuliertes subkulturelles Kapital um es als „Subkultur-Unternehmer" in ökonomisches Kapital zu konvertieren. Sie sind Grafikdesigner, Filmemacher, Musiker, Journalisten, Veranstalter, Bar- oder Club-Betreiber, Autoren, Modedesigner oder Fotografen. Sie nähren die Kultur- und Kreativwirtschaft mit einem nie abreißenden Fluss von neuen Ideen, neuen Stilen, neuen ästhetischen Mustern, neuen Symbolen, Sounds und Raumkonzepten. Und sie haben die Wurzeln ihrer Kreativität in der Querdenker- und „do it yourself"-Attitüde der Subkultur.

Doch eine rein optimistische Deutung des Phänomens der Subkultur-Unternehmer als Innovations- und somit Wachstumspotenzial für die Boom-Branche der Kultur- und Kreativwirtschaft wäre eine verkürzende Darstellung. Es bleibt kritisch zu bemerken, dass zahlreiche neue Kulturunternehmer in prekären Existenzen leben, kaum soziale Absicherung haben, mehrere Jobs gleichzeitig machen müssen um über die Runden zu kommen und sich auch häufig unter Wert verkaufen. Als oft billige, „outgesourcte" Arbeitskraft bringen sie ihre Kreativität in Kulturindustrielle Prozesse ein, ohne aber von den Sozial-Leistungen aufgefangen zu werden, die einem Arbeitnehmer zukommen.

Hier will diese Arbeit ein Verständnis bei den Subkultur-Unternehmern schaffen, sich selbst als Unternehmer zu erkennen, die Rolle anzunehmen und bewusster wirtschaftlich zu handeln. Dazu gehört, wie Jürgen Enninger es ausdrücklich erklärt, eine Verknappung, das heißt die Einstellung, seine Arbeitskraft nur da einzusetzen wo sie auch in fairer Weise vergütet wird. An diesem Punkt setzt auch die Beratung des Kompetenzteams für Kultur- und Kreativwirtschaft der Stadt München an. Die Einrichtung dieser Referatsübergreifenden Task-Force ist ein erster wichtiger Schritt in die bewusste Zusammenführung von Kultur- und Wirtschaftsförderung von der auch die Akteure der Subkultur profitieren können.

Die Forschung an der Schnittstelle zwischen ästhetisch kreativer Subkultur und Kulturökonomie ist noch sehr jung, diese Arbeit versteht sich noch als Exploration des Forschungsfeldes und trägt auch zur Begriffsbildung bei. Der Subkultur-Unternehmer ist ein bisher wenig beschriebener Akteur der Kultur- und Kreativwirtschaft weshalb diese Arbeit auch einige interessante weiterführende Forschungsfragen aufwirft.

Interessant wären persönlichkeits-psychologische Studien, die der Frage nachgehen, welche Eigenschaften jene subkulturellen Akteure auszeichnet, die in die Organisationselite der Subkultur aufsteigen. Dabei wäre auch ein Vergleich mit aktuellen Modellen der Unternehmer-Persönlichkeit von Interesse. Weiterhin sollte das Handeln von Subkultur-Unternehmern mit dem Instrumentarium aktueller Entrepeneurship-Forschung untersucht werden. Dabei wären Studien zur Chancen-Erkennung von Subkultur-Unternehmern und zu Erfolgsfaktoren von Unternehmensgründungen aus der Subkultur von großem Interesse. Weiterhin wäre auch eine Gender-Theoretische perspektive interessant, die Chancengleichheit in subkulturell-ökonomischen Kontexten untersucht.

Das spannende an Subkultur ist auch das, was sie für die Forschung schwer greifbar macht. Sie verändert sich permanent, das ist die ihr eingeschriebene Struktur als Anti-These. Wenn man glaubt, sie eingefangen zu haben, entsteht sie bestimmt gerade in einer ganz anderen Ecke in komplett veränderter Form neu. So bringt sie ständig frische, kreative Talente hervor die mit einer neuen Ästhetik durch die Straßen der urbanen Metropolen ziehen und bleibt ein stets spannender Forschungsgegenstand.

Literaturverzeichnis

Baacke, Dieter: Jugend und Jugendkulturen – Darstellung und Deutung. Weinheim/München 2004

Bader, Ingo: Die Rolle von Subkultur für die Entwicklung der Berliner Musikindustrie. In: Scharenberg, Albert; Bader, Ingo: Der Sound der Stadt – Musikindustrie und Subkultur in Berlin. Münster 2005, S. 102 – 120

Behrens, Roger: Ton Klang Gewalt – Texte zu Musik, Gesellschaft und Subkultur. Mainz 1998

Bittner, Regina (Hg.): Die Stadt als Event – Zur Konstruktion Urbaner Erlebnisräume. Frankfurt/Main 2001

Bogner, Alexander (Hg.): Das Experteninterview. Theorie, Methode, Anwendung. Wiesbaden 2005

Bohnsack, Ralf: Rekonstruktive Sozialforschung – Einführung in qualitative Methoden. Opladen & Farmington Hills 2007

Bourdieu, Pierre: Die feinen Unterschiede – Kritik der gesellschaftlichen Urteilskraft. Frankfurt am Main 1982

Brake, Mike: Soziologie der jugendlichen Subkulturen. Frankfurt 1981

Bundesinstitut für Bau-, Stadt- und Raumforschung (Hrsg.): Kultur- und Kreativwirtschaft in Stadt und Region. Bonn 2011

Bundesministerium für Wirtschaft und Energie (BMWi) (Hrsg.): Gesamtwirtschaftliche Perspektiven der Kultur- und Kreativwirtschaft in Deutschland. Berlin 2009

Bundesministerium für Wirtschaft und Energie (BMWi) (Hrsg.): Initiative Kultur- und Kreativwirtschaft der Bundesregierung – Status und Handlungsfelder. Berlin 2012

Bundesministerium für Wirtschaft und Energie (BMWi) (Hrsg.): Monitoring zu ausgewählten wirtschaftlichen Eckdaten der Kultur- und Kreativwirtschaft 2013. Berlin 2014

Clarke, John; Hall, Stuart; Jefferson, Tony, Roberts, Brian: Subcultures, Cultures and Class. In: Gelder, Ken; Thornton, Sarah (Hrsg.): The Subcultures Reader. London 1997, S.100 - 111

Diekmann, Andreas: Empirische Sozialforschung – Grundlagen, Methoden, Anwendungen. Reinbek bei Hamburg 2005

Drake, Graham: „This place gives me space": place and creativity in the creative industries. In: Geoforum 34, 2003: S.511 - 524

Eutenauer, Matthias: Unternehmerisches Handeln und romantischer Geist – Selbstständige Arbeit in der Kulturwitschaft. Wiesbaden 2011

Flick, Uwe; Von Kardorff, Ernst; Steinke, Ines (Hg.): Qualitative Forschung – Ein Handbuch. Reinbek bei Hamburg 2007

Florida, Richard: The Rise of the Creative Class. New York 2014

Gebhardt, Winfried; Hitzler, Ronald; Pfadenhauer, Michaela: Events – Soziologie des Außergewöhnlichen. Opladen 2000

Gelder, Ken: Subcultures – Cultural histories and social practice. New York 2007

Gelder, Ken; Thornton, Sarah (Hrsg.): The Subcultures Reader. London 1997

Glander Ralph (2015): Spielwiese – Subklutur. Podcast: http://www.br.de/puls/themen/leben/spielwiese-subkultur-in-der-stadt-100.html, Aufruf am 17.11.2015

Haunss, Sebastian: Indentität in Bewegung – Prozesse Kollektiver Identität bei den Autonomen und in der Schwulenbewegung. Bremen 2003

Henzler, Herbert A. (Hrsg.): Start-Up Bayern – Unternehmensgründungen: Fakten, Analysen, Handlungsempfehlungen. München 2013

Hesse, Markus: Räume und Raumstrukturen der Kultur- und Kreativwirtschaft. In: Bundesinstitut für Bau-, Stadt- und Raumforschung (Hg.): Kultur- und Kreativwirtschaft in Stadt und Region. Bonn 2011, S.35-51

Hitzler, Ronald: Pioniere einer anderen Moderne? Existenzbasteln als Innovationsmanagement. In: Sozialwissenschaften und Berufspraxis (SUB), 24. Jg., H. 2/2001, S. 177-191

Hitzler, Ronald; Niederbacher, Arne: Leben in Szenen – Formen juveniler Vergemeinschaftung heute. Wiesbaden 2010

Hitzler, Ronald; Pfadenhauer, Michaela: Lernen in Szenen – Über die „andere" Jugendbildung. In: kursiv – Journal für politische Bildung, H. 1/2008, S. 14-23

Hopf, Christel: Qualitative Interviews – Ein Überblick. In: Flick, Uwe; Von Kardorff, Ernst; Steinke, Ines (Hg.): Qualitative Forschung – Ein Handbuch. Reinbek bei Hamburg 2007, S.349 – 360

Huq, Rupa: Beyond Subculture – Pop, youth and identity in a postcolonial world. New York 2006

Jenks, Chris: Subculture – The Fragmentation of the Social. London 2005

KFW (2011): Fokus Innovation: Gründungen in der Kreativwirtschaft. https://www.kfw.de/Download-Center/Konzernthemen/Research/PDF-Dokumente-Standpunkt/Standpunkt-Nr.-10-Kurzausgabe.pdf, Aufruf am. 20.11.2015, 16.00

Klamer, Arjo: Cultural Entrepeneurship. In: Rev Austrian Econ (2011) 24:141–156

Klein, Armin: Der exzellente Kulturbetrieb. Wiesbaden 2008

Lange, Bastian: Die Räume der Kreativszenen – Culturepreneurs und ihre Orte in Berlin. Bielefeld 2007

Lange, Bastian; von Streit, Anne; Hesse, Markus: Kultur- und Kreativwirtschaft in Deutschland. In: Bundesinstitut für Bau-, Stadt- und Raumforschung (Hg.): Kultur- und Kreativwirtschaft in Stadt und Region. Bonn 2011, S.1-17

Lange, Bastian: Neue Organisationsformen in der Kultur- und Kreativwirtschaft. In: Bundesinstitut für Bau-, Stadt- und Raumforschung (Hg.): Kultur- und Kreativwirtschaft in Stadt und Region, Bonn 2011, S.52-62)

Lauenburg, Frank: 40 Jahre Skinheads – Jugendszene und Arbeitermythos. München 2009

Mandel, Birgit: Die neuen Kulturunternehmer. Bielefeld 2007

McRobbie, Angela: Vom Club zum Unternehmen. In: Bittner, Regina (Hrsg.): Die Stadt als Event – Zur Konstruktion Urbaner Erlebnisräume. Frankfurt/Main 2001, S. 279-291

McRobbie, Angela: Second-Hand Dresses and the Role of the Ragmarket. In: Gelder, Ken; Thornton, Sarah (Hrsg.): The Subcultures Reader. London 1997, S.191-199

Merkens, Hans: Auswahlverfahren, Sampling, Fallkonstruktion. In: Flick, Uwe; Von Kardorff, Ernst; Steinke, Ines (Hg.): Qualitative Forschung – Ein Handbuch. Reinbek bei Hamburg 2007, S.286-299

Meuser, Michael; Nagel, Ulrike: ExpertInneninterviews - vielfach erprobt, wenig bedacht. Ein Beitrag zur qualitativen Methodendiskussion. In: Bogner,

Alexander (Hg.): Das Experteninterview. Theorie, Methode, Anwendung. Wiesbaden 2005, S. 71–93

Lewinski-Reuter, Verena; Lüddemann, Stefan (Hrsg.): Kulturmanagement der Zukunft – Perspektiven aus Theorie und Praxis. Wiesbaden 2008

Park, Robert E.: The City – Suggestions for the investigation of human behaviour (1915). In: Gelder, Ken; Thornton, Sarah (Hg.): The Subcultures Reader. London 1997, S. 16 - 27

Pfadenhauer, Michaela: Spielerisches Unternehmertum – Zur Professionalität von Event-Produzenten in der Techno-Szene. In: Gebhardt, Winfried; Hitzler, Ronald; Pfadenhauer, Michaela: Events – Soziologie des Außergewöhnlichen. Opladen 2000, S.95-114

Reither, Saskia: Selbstmanagement im Kulturbetrieb – Kulturunternehmer zwischen Unabhängigkeit und Prekariat. In: Lewinski-Reuter, Verena; Lüddemann, Stefan (Hg.): Kulturmanagement der Zukunft – Perspektiven aus Theorie und Praxis. Wiesbaden 2008, S.164-181

Rössel, J: Kulturelles Kapital und Musikrezeption. Eine empirische Überprüfung von Bourdieus Theorie der Kunstwahrnehmung. In: Soziale Welt, 60(3), Zürich 2009, S. 239-257

Scharenberg, Albert; Bader, Ingo: Musikhauptstadt Berlin. In: Scharenberg, Albert; Bader, Ingo: Der Sound der Stadt – Musikindustrie und Subkultur in Berlin. Münster 2005, S. 7 – 14

Scharenberg, Albert; Bader, Ingo: Der Sound der Stadt – Musikindustrie und Subkultur in Berlin. Münster 2005

Scharenberg, Albert: Berlin Sounds – Stadtentwicklung, Musikindustrie und „Politik der Ermöglichung". In: Scharenberg, Albert; Bader, Ingo: Der Sound der Stadt – Musikindustrie und Subkultur in Berlin. Münster 2005

Scheicher, Mathias: Punk und Partizipation – Berufliche Perspektiven einer Subkultur. Bonn 2008

Schmidt, Christiane: Analyse von Leitfadeninterviews. In: Flick, Uwe; Von Kardorff, Ernst; Steinke, Ines (Hg.): Qualitative Forschung – Ein Handbuch. Reinbek bei Hamburg 2007, S.447 - 456

Schwanhäußer, Anja: Die Stadt als Abenteuerspielplatz. In: Scharenberg, Albert; Bader, Ingo: Der Sound der Stadt – Musikindustrie und Subkultur in Berlin. Münster 2005, S.166 – 173

Schwendter, Rolf: Theorie der Subkultur. Köln/Berlin 1971

Scott, Allen J.: Kapitalismus, Städte und die Produktion symbolischer Formen. In: Scharenberg, Albert; Bader, Ingo: Der Sound der Stadt – Musikindustrie und Subkultur in Berlin. Münster 2005, S. 14 -38

Söndermann, Michael (Im Auftrag der Deutschen UNESCO-Kommission): Kultureller Beschäftigungsmarkt und Künstlerarbeitsmarkt. Berlin 2012

Thornton, Sarah: Club Cultures – Music, Media and Subcultural Capital. Cambridge 1995

Thornton, Sarah: The Social Logic of Subcultural Capital. In: Gelder, Ken; Thornton, Sarah (Hrsg.): The Subcultures Reader. London 1997, S. 200 - 209

Verwoert, Jan (Hrsg.): Die Ich-Ressource – Zur Kultur der Selbst-Verwertung. München 2003

Von Streit, Anne: Märkte, Innovationen und Arbeit in der Kultur- und Kreativwirtschaft. In: Bundesinstitut für Bau-, Stadt- und Raumforschung (Hg.): Kultur- und Kreativwirtschaft in Stadt und Region. Bonn 2011, S.18-34

Williams, Patrick J.: Subcultural Theory – Traditions and Concepts. Cambridge 2011

Zinnecker, Jürgen: Jugendkultur – Ein Streifzug durch die Szenen. In: Heneka, Hans Peter; Janalik, Heiz; Schmidt, Doris (Hg.): Jugendkulturen. Heidelberg 2005, S.13-325

Wirtschaftsministerkonferenz: Leitfaden zur Erstellung einer statistischen Datengrundlage für die Kulturwirtschaft und eine länderübergreifende Auswertung kulturwirtschaftlicher Daten. Berlin 2009

Anhang A: Transkription des Interviews mit Zehra Spindler

Vielleicht fangen wir mal mit dem Begriff „Subkultur" an, grundsätzlich und deinem eigenen Verständnis davon. Was nämlich auch interessant ist: Wie das jeder so sieht, wie würdest du das für dich beschreiben? Was ist das für dich – Subkultur?

Zerah Spindler: Also das Phänomen beschreibe ich gar nicht, ich hab am Anfang den Feh-, oder vielleicht war es auch kein Fehler, als ich damit angefangen habe, München 851 zum Beispiel – 851 der Stadtgeburtstag der Stadt – wo ich ein Jahr lang als Social Media Aktivistin sozusagen einfach Veranstaltungen selbst generiert habe, aus Plattformen heraus, damals noch MySpace und ein Jahr lang haben in allen möglichen Locations in München immer Sachen stattgefunden, die ich daheim von meinem Account aus einfach organisiert habe. Da habe ich mich damit so ein bisschen geschmückt, „Subkultur" zu sein. Das war dann plötzlich, kam das wie so ein Bumerang wieder auf mich zurück in Form von den riesigen Medien, lokalen Medien, Echo als ich Puerto Giesing gemacht habe. Plötzlich war ich so die „Muddi" der Subkultur. Und da gab es dann auch so die Diskussionen: Was ist eigentlich Subkultur? Diese Podiumsdiskussionen fanden zum Teil auch bei mir statt. Popkultur, Subkultur – was ist das eigentlich? Und ich mein, den Ursprung des Wortes „Subkultur" kann man ja googeln, Wikipedia erzählt dazu einiges. Für mich, ich kann nicht, also dieses Etikettieren von Menschen in Schubladen, das fällt mir einfach wahnsinnig schwer. Was ich damals damit sagen wollte war, dass ich, du hast es vorher „Antikultur" genannt, würde ich auch nicht sagen, weil sie ist nicht „Anti", sondern Kultur, da wo sie entsteht. Da, wo es vielleicht noch keine Kultur ist. Da, wo es vielleicht irgendwelche Missstände, gesellschaftliche Missstände, gibt und Menschen, die thematisieren, ohne den riesen Fokus der Öffentlichkeit zu haben, noch kein Mainstream zu sein, also sowas auch, das kann auch zum Trend werden. Also es ist, schau, ich verfransel mich total, aber du weißt, was ich meine. Subkultur oder das was man darunter versteht, das ist das, was da, wo Kultur entsteht. Und das ist keine andere Form der Hochkultur, es steht bloß am Anfang, es ist ein anderes Stadium, es ist der Anfang, das Anfangsstadium von Kultur. Würd ich mal sagen. Und hat keine Schubladen, also es ist nicht irgendwie „Anti" oder wild oder sonst wie, sondern sehr authentisch. Und daraus können Trends entstehen.

Magst du mal bisschen erzählen, wie du grundsätzlich in die Rolle reingekommen bist, also dass du, du führst es jetzt auf so einen Höhepunkt,

weil du die „Mutti" der Subkultur warst, aber das war sicher bei dir auch ein langer Prozess. Als du angefangen hast, wahrscheinlich noch in der Pubertät, so massiv aktiv zu sein und dann hinein zu wachsen, in die sozialen Konstrukte, die in der Kreativszene sind. Magst du das einfach mal bisschen erzählen, so deine Entwicklung?

Also interessante Frage, auf die ich keine richtige Antwort habe, weil man reflektiert sich ja jetzt nicht selbst auf so eine objektive Art, wie „Was ist in meinem Leben passiert"? Ich kann nur sagen, dass ich in einem Viertel aufgewachsen bin, gar nicht so weit weg von hier im Westend, wo Kulturen schon aufeinandergeclasht sind und das so ein bisschen so ein Underdog-Status hatte, den ich cool fand. Warum, weiß ich nicht. Ich war schon immer so ein bisschen Underdog. Ich interessiere mich in keinster Weise für Fußball, hab von Tuten und Blasen wirklich keine Ahnung, aber bin ja voll der 60er-Fan, aber nicht, also schon authentisch, da kriege ich Herzrasen, wenn ich so: „Ahh, die haben gewonnen, was?". Woher das kommt, das ist vielleicht auch so ein bisschen das als Gastarbeiterkind. Das hat, glaube ich, sehr viel damit zu tun, dass man sich aus einer Not heraus selbst als etwas Besonderes stilisiert, weil: man konnte sich nicht viel leisten. Also hat man die Not zur Tugend gemacht und hat gesagt: „Es ist geil, dass ich mir das nicht leiste. Ich bin halt cool, ich gehe in die Secondhand-Shops und hole mir da die geilen Klamotten". Also so kam man da, glaube ich, so in die Richtung. Also dass man sich nicht als Gastarbeiterabklatsch gefühlt hat, sondern mit so einer kreativen, lebensbejahenden Power gesagt hat: „Aber das ist ja gerade cool, was ich mache!". So die anderen holen sich es so aus den gelackten Läden und ich hole es mir von der Straße. So ungefähr. Und entsprechend war man dann, rutscht man dann in irgendwelche Szenen rein. Das war in meiner Pubertät, war ich sehr viel mit Mods zusammen und mit Skins. Ich war dann selber auch Skin. Nicht politisch, als das war dann wirklich so, entsprach so dem, so ein bisschen dem Hipstertum von heute. Man hat sich wirklich sämtliches Geld zusammen gekratzt und ist mit 16 nach London, um sich beim „Holt O'Madness (?)" sich die Boots, Doc Martens, sich geholt hat. Die hat man sich dann da geholt. Die 8-Loch gab's hier nicht, sondern die 7-Loch. Und Fred Perry und die Original Bomberjacke und so ist man da rein gerutscht und ist man natürlich auch Mann, also ich bin dann in, ich denke das kommt so aus der Zeit, als ich so mit diesen Mods rumgehangen bin. Da kam man dann schon in diese Szenen rein, was man an Bands kannte, dass man mit 17, 18 nach, hier auf diverse Konzerte gegangen ist. Ich war mit 16, 17 in der „Kultfabrik", ne nicht „Kultfabrik", wie hieß das?, „Kulturstation". Weiß ich noch: Jedes Wochenende, immer headbangend in der ersten Reihe auf den größten Scheiß mit der Augustiner-Bierflasche in der Hand. Also so. Und da wächst man rein, wenn man dann irgendwie anfängt, selber was zu machen, und ich bin kein, ich bin ein Konsument sozusagen, ich bin nicht musikalisch aber ich konsumiere auf kompetente Art meine Musik [lacht], dann überlegt man sich, was man machen kann. Also man, was man, wie man, wie man mitgestalten kann. Und das kommt dabei raus [lacht]. Ja, also man ist da irgendwie, das war jetzt nicht forciert, ich war jetzt auch nicht auf dieser Musikhochschule und hab diesen Studiengang gemacht, hab überhaupt kaum theoretisches Wissen. Deshalb nenne ich mich auch Nichts mit Kultur also so keine, ich mache keine Kulturstränge und keine, nichts, wo Kultur mit auftaucht, sondern nenne mich „semi-fiktive Veranstaltungsgeneratorin" oder wenn ich von der Presse gefragt werde, ob ich denn Kuratorin sei oder man macht mich auch gerne zur Künstlerin, dann sage ich gerne, dass ich eine platte Form bin. Also leer, platt, ohne Inhalt – nur der Raum. Und dadurch gestalten sich dann Dinge. Genau.

Das heißt, du hast dann angefangen, selber zu veranstalten oder wann, wie waren so deine ersten Schritt in das „Okay, ich will selber auch was machen, was beisteuern zu der Kultur, was kann ich tun? Ich kann Raum bieten." Wie hast du das erste Mal so was gespürt und dann damit angefangen?

Also das erste Mal habe ich ein Festival organisiert also da war ich so Anfang 20 glaube ich, im „Backstage". Das war das allererste Ding und ich habe so ziemlich alles falsch gemacht, was man falsch machen konnte, also das war total grotten unprofessionell, hat aber kein Schwein gemerkt. Das hat funktioniert und ich habe so gravierende Fehler, also bei mir hat dann „Main Concept", da kannte die halt keine Sau, da hat da der Elliot, der war Beatboxer, ich hab' Bands, sechs Bands, zusammengewürfelt, die eigentlich überhaupt nicht zusammen passen, und hab die an einem Abend spielen lassen. Und die haben sich am Ende fast alle verprügelt, weil sie genervt waren, sauer waren, wann sie jetzt endlich anfangen können zu spielen. Also es war so vom Konzept her so total windschief und da bin ich einfach reingerutscht also das habe ich auch nicht als Veranstalterin gemacht, sondern für so ein junges Magazin, die nannten sich „Mastubation", da waren noch Leute so aus dem SZ-Bereich mit dabei, also alle noch so ganz junge Hüpfer und die wollten so eine Relaunch machen und haben mich gefragt, wie ich mich einbringen kann. Ich habe das voll unter meinen Nagel gerissen und hab es dann selber gemacht. Also komplett. Pressefonferenz war dann, dass ich nicht wusste: Wie macht man das? Habe Journalisten angerufen, habe die zu mir nach Hause bestellt und saß dann bei mir auf dem Bett und um mich herum Journalisten auch auf dem Bett, ich so halb liegend und habe denen davon erzählt. Die können sich heute noch dran erinnern. Das war das eine. Ich wollte aber immer Journalistin werden. Das fand ich ganz toll, hab dann auch, bin dann in eine PR-Agentur, durch einen Bekannten, dem gehört die PR-Agentur und der hat mir so ein bisschen das Handwerkszeug zum Schreiben beigebracht, war auch auf der Presseakademie, habe da so meine Reportage und Bericht, war bei den Nachwuchsjournalisten, habe bei der Hans-Seidel-Stiftung mit Premium, wirklich tollen Referenten, habe bei der Süddeutschen als Aushilfe gearbeitet, in der Nachrichtenaufnahme und bin da so ein bisschen, hab dann für die so ein bisschen schreiben können und bin dann immer mehr so in die Schreiberei gekommen, war dann beim Münchner Stadtmagazin, wo ich die „Nachtleben"-Redakteurin war. Also frisch gebackene Mutter und gar nicht weggegangen aber ich kannte halt die ganzen Leute und ich musste die nur anrufen und fragen: „Na, wie war der Abend?". Konnte dann so meine Kritiken danach schreiben und zum 15. Jubiläum hat das Münchner Stadtmagazin die „Lange Nacht der Museen" gemacht. Und also ein paar Tage später kam der Chef vom Münchner Stadtmagazin, der Herausgeber, der Ralf Gabriel, zu mir Redakteurin und meinte: „Ja, du bist doch so eine verrückte Partynudel, kannst du nicht irgendwie was machen?" und hat irgendwie so ein bisschen Blut geleckt, weil er gemerkt hat: Ja, scheint ja irgendwie ganz gut angenommen zu werden und mache mal noch ein paar andere „Lange Nächte". Und dann hat er halt mich gefragt, ob man da nicht so was mit Partys machen könnte. Und dann habe ich mir das Konzept überlegt: „Lange Nacht der Musik", also nichts mit Partys, sondern mit Livemusik und überlegt, wie das klappen könnte und hatte genau ein halbes Jahr, bis zu dem Termin. Also er hat mir dann ein Termin genannt, okay, da und da, ich hatte dann ein halbes Jahr Zeit und war so ganz für mich allein also ich habe die Presse dafür gemacht, die ganzen Präsentationen, mit den Künstlern gesprochen, mit der Stadt, wegen den Bussen – und dann waren 30.000 Leute da. Und dann dachte ich mir: Das ist meine erste Veranstaltung und es kommen 30.000 Leute und das geht durch die Presse, wie blöd und habe null Erfahrung. Und da hab ich dann gemerkt: Das ist bei mir so ein Zwischending, also ich habe dann auch aufgehört nach ein paar Jahren weil ich gemerkt habe, am Ende dieser Nahrungskette steht eigentlich immer der Künstler. Und was für ein geiles Potenzial wir haben! Ich habe da immer Herzblut reingelegt und ich habe aber gemerkt: Die Künstler sind immer die Gelackmeierten. Denen wurde erzählt: „Das ist doch PR für dich, das ist doch super!". Und die kamen sich dann teilweise ziemlich beäugt vor, da kommt dann je nach

Busladung dann so eine Horde Menschen raus, die es interessiert, aus irgendeinem anderen Umfeld, mit einem Programm, schauen auf die Uhr. Und die kriegen das total mit, also immer jede neue Busladung an Menschen und ich dachte mir: Das ist nicht gut. Das kann ich eigentlich nicht mit mir vertreten. Und anscheinend brauche ich dieses Vernetzen und aber das, was der Künstler macht, das ist so mein Koks, also die Kunst, die dabei entsteht, und vor allem, wenn ich die mitgestalten kann, indem ich Leute miteinander connecte, ich stehe in ganz andere Sachen. Das heißt, insofern bin ich Künstlerin, weil durch mich entstehen die. Und dann diese Resonanz seitens der Öffentlichkeit, die Besucher, dass ich mir gedacht habe: Dafür gibt es eigentlich keinen Namen, für das, was ich mache. Eigentlich bin ich, mache ich PR, klassische PR für die Künstler und auch in eigener Sache. Ich bespiele Räume und ich mache sowas wie eine Kuratorin und ich bin Netzwerker. Und dafür habe ich mich „semi-fiktive Veranstaltungsgeneratorin" genannt weil mir kein, semi-fiktiv ist ja ziemlich, also das ist ja so ein Augenzwinkern auf die sozialen Medien und dass man sehr viel virtuell macht.

Jetzt hast du dazu vorher ja gesagt: „Ja, ich konnte ja nichts tun, was sollte ich tun?" dabei ist es schon ein ganz spezielles Set an Fähigkeiten, was da zusammen kommt oder, also es ist so ein paar Sachen, die du jetzt schon so kurz angeschnitten hast also du brauchst nur anzurufen, du kennst alle, also was würdest du sagen, was sind die Fähigkeiten, die dazu nötig sind, um das tun zu können, dieses Netzwerk aufbauen zu können?

Ich glaube, das ist etwas, was man ganz schwer lernen kann. Ich habe meinen Background. Jetzt bin ich 47 und ich checke jetzt erst, was es ist. Warum ich da fit bin. Und das hat sehr viel damit zu tun, dass ich aus einer kulturellen Kluft komme. Ich bin in einer Moslemfamilie geboren, die hier Gastarbeiter waren, bin aber westlich ausgewachsen, das heißt, meine ganzen Geschwister, ich bin die Jüngste, die haben noch diese andere Kultur und ich war aber diejenige, die schon Leberkäs-Semmel in die Hand gedrückt bekommen hat. Die anderen haben kein Schweinefleisch gegessen. Und das in einer Familie. Sodass ich nach außen hin anders funktioniert habe, mit meinen deutschen Freunden super gut konnte, gleichzeitig aber auch die Kultur kannte und so ging das dann immer weiter. Also ich habe teilweise im Rückblick, ich war mit absoluten Proleten zusammen in meiner Jugend. Ich bin nach Oberföhring raus gefahren und das waren Vokuhila-Schlägerproleten. Und da war ich total beliebt. Und am Montag, Dienstag hatte ich meine besten Freunde, die alle studiert haben und komplett andere, eher alternative Sachen, gemacht haben und an den Tagen war ich mit den Skins zusammen, als ich habe, während der ganzen Woche war ich so ein Cliquen-Hüpfer und ich wusste immer nie: Wer bin ich eigentlich? Also ich war immer identifiziert mit dem, wo ich, also ich kann sozusagen mit unterschiedliche Gruppierungen wahnsinnig gut. Du kannst mich hinstellen und ich unterhalte mich mit einem Hells Angel oder mit einem Holocaust-Leugner wirklich perfekt. Also so, dass der sich mir auch öffnet und drehe mich um und unterhalte mich mit einem Holocaust-Gegner und mit einer Schickimicki-Tussi genauso gut und es ist jedes Mal authentisch, es ist nicht gespielt. Ich glaube, diese Fähigkeit, das sehe ich jetzt im Nachhinein auch als Fähigkeit, die braucht man, um in alle Richtungen Netzwerken zu können. Genau.

Okay, das heißt, das ist so das Netzwerk, was sicher super wichtig ist. Was glaubst du noch, ist wichtig um, so wie du jetzt gesagt hast, eine Schnittstelle zwischen Raum und Kunst, Stadt und Kunst zu schaffen und um so zu sein, damit etwas Neues entsteht.

Das klingt jetzt nach Phase aber man darf kein Schubladendenker sein und das sind die meisten. Ich würde sagen: 99,9 Prozent der Menschen, die ich kenne, die meinen, dass sie open-minded sind, Schubladendenker. Das heißt, so Leute, so Protagonisten aus der Subkultur, sind die größten Schubladendenker, die ich kenne. Weil das ist denen nicht gut genug und da und da legen wir nicht auf und so weiter und das sind die Schlimmsten. Und der Mainstream ist noch open-minded dagegen. Es ist – beantwortet das deine Frage?

Ja, es ist alles ein Teil davon, klar.

Also man muss, man darf keine Schubladen haben und ich hatte, ich sage dir mal ein Beispiel, das kannst du ja rausschneiden. Ich war mal auf der Wiesn und wir saßen an einem Tisch und da saß ein Ami mit seinem deutschen Freund, der hatte ihn besucht. Und das war nachmittags und draußen, also es war auch so alte Menschen, die da schnell mal Mittag esse. Neben uns saßen zwei, saß ein Pärchen, die waren so um die 80, 90 und die haben nichts gesagt, die haben diesen Ami nur so angefeindet, also ich habe so Feindseligkeiten gemerkt und der Typ hat dann dem Mann, der 80-, 90-Jährige, hat dann so ein paar „Ach, die Amis", hat sich so negativ geäußert und der andere, der hat das gemerkt und hat dann gesagt: „Es war super nett mit euch, aber ich fühle mich hier gerade nicht wohl" und ist gegangen. Und dann habe ich mich mit dem unterhalten und dann hat er erzählt: „Ja, also" also ich habe den dann gefragt, es kamen dann noch so Leute aus dem Büro. Auch eine Gruppe, 5,6 Leute, die saßen dann da, mein Partner und ich und diese zwei, ziemlich dicht gedrängt an einem Tisch und man hat das so mitbekommen, was ich mit dem gesprochen habe. Das war interessant. Ich habe den dann gefragt: „J, was haben Sie denn jetzt gegen den gehabt?" „Ja, die haben damals nach dem Krieg, da sind die gekommen, ich habt ja überhaupt keine Ahnung, die haben den Kindern Kaugummis hingehalten und wenn die Kinder gekommen sind, die deutschen, dann haben sie mit ihren Stahlkappentretern denen die Zähne ausgeschlagen. Oder sie angespuckt. Die haben die Deutschen ganz schlecht behandelt und das wird er denen nie vergessen. Und dann waren wir ganz schnell bei der Holocaust-Lüge. Bei der Auschwitz-Lüge. Da hat er erzählt, also haben sie beide gesagt, und ich habe genau gespürt, das ist so das nette Pärchen, das in der U-Bahn sitzt, die nett sind, die Hallo sagen. Die haben da noch nie drüber reflektiert. Die haben da noch nie drüber geredet, das ist in deren Köpfen. Und das war dann dieser Effekt, von dem ich rede. Keine Schubladen. Keine Ressentiments gegen nichts und niemanden zu haben. Und offen zu sein, auch für Auschwitz-Leugner. Und zu sagen: „Ja, kann sein, vielleicht ist das ja alles erfunden. Aber wie erklären Sie sich, dass ich als Kind nach Dachau gefahren bin, diese Filme, und habe auf eine ganz naive, unbedarfte Art, wie wenn ein Marsmensch jetzt mal kommt und dir Fragen stellt, diese Fragen gestellt, dass die das allererste Mal angefangen haben, darüber zu reflektieren. Der ganze Tisch war ruhig, die haben uns zugehört und dann bin ich gegangen. Und die waren echt, also nur durch meine Fragen sind die zum Nachdenken gekommen. Dann bin ich aufgestanden, bin gegangen und dann ist mir diese Büroleiterin oder sowas von der Gruppe, die ist mir hinterher gerannt, die hat gesagt: „Vielen, vielen, vielen Dank", sie könnte gerade heulen, also durch meine Art, also kein Mensch, hätte die so weit kommen lassen, jeder hätte denen eins auf die Fresse gehauen, sie verurteilt, die Polizei gerufen, sie angezeigt und durch meine Art hätte sie das erste Mal solche Leute überhaupt argumentieren hören und auch mitbekommen, wie die sich selber ad absurdum führen. Ich bin dann so ein bisschen noch durch die Wien gegangen und ein paar Stunden später sind wir an diesem Schnapsstand gestanden und dann kommt dieses alte Pärchen nochmal. Sehen mich, kommen her zu mir und der alte Mann kommt zu mir her, gibt mir die Hand und sagt: „Danke!" Also das meine ich mit open-minded, wirklich open-minded sein.

Ja, ich verstehe, was du meinst.

Allen gegenüber. Und dann entstehen, dann gibt es tausende, da kann man wirklich kreativ sein, um Leute zu motivieren, um Dinge zu machen weil es hat sehr viel mit Motivation zu tun. Wie man andere motivieren kann.

Okay, wie war das dann bei dir, wie war das , als du das erste Mal gespürt hast, dass du sagst: Okay, sowas kann auch ein Beruf sein und damit kann man auch Geld verdienen und davon, oder: Das kann ich arbeiten?

Also das erste Mal muss ich echt sagen, dass ich das gespürt hab mit meiner, also Geld verdienen ist so eine Sache. Also da bin ich ja immer noch am überlegen, wie man kann damit Geld verdienen, was ist mein Wert, wie formuliere ich das überhaupt. Also schau, ich hab hier so ein Notizbuch dabei [kramt], wo ich seit einer Woche rein schreibe, was meine Skills sind. Weil irgendwie weiß ich ja, was ich kann und ich sage den Leiten immer: Googelt halt. Es gibt so tausend Sachen, die ich gemacht habe aber ich werde immer mehr dazu genötigt: Jetzt habe halt mal eine Webseite, du bist so ungreifbar. Mich greifbar zu machen und das fällt mir so unendlich schwer. Und einige meiner Projekte sind eher auch gescheitert also Puerto Giesing war super, also auch nach außen hin. Aber da war ich mit Gastro-Leuten zusammen, die mich verarscht haben. Also die haben halt die ganzen Einnahmen nicht transparent gehalten, da bin ich leer ausgegangen. „Art Babel" wieder das gleiche, dass ich die ganze Zeit, also ich kann super beraten. Also ich hab Leuten sagen, wie man es nicht macht. Wie man sich nicht unter Wert verkauft. Oder wie man sich nicht immer diesen Kunsthut aufsetzen lassen muss. Sondern dass auch Künstler dürfen Geld verlangen. Was sind da so die Kennzahlen? Da bin ich selber gerade so ein bisschen am schauen. Ich kann nur sagen, dass ich wirklich eine Krise hatte, als das mit dem "BieBie" war. Also vor ein paar Monaten. Als ich gemerkt habe, jetzt habe ich denen alles gebaut, wie hätte ich mich denn vertraglich absichern sollen, dass die jetzt nicht kommen und sagen: „So und jetzt machen wir es selber. Danke, tschau, fick dich." Dass ich durch diese Krise, die ich dadurch hatte, als ich mir dachte: Bin ich jetzt das Opfer? Ich tue eigentlich Gutes, also ich will auch, dass es den Künstlern gut geht und so weiter. Und bin aber diejenige, die sich ausbeuten lässt. Und durch diese Krise bin ich sozusagen dahin gekommen, dass ich sehr viel über dieses Thema nachdenke: Was ist mein Wert? Wie strukturiere ich das? Und in welcher Sprache verkaufe ich das? Also ein Investor spricht eine andere Sprache, als vorletzte Woche habe ich mich mit einem Bürgermeister getroffen, der mich für deine Gemeinde sozusagen einkaufen möchte. Welche Sprache spreche ich jetzt mit der Gemeinde? Und kann man das standarisieren? Weil ich würde es gerne weiter geben. An junge Kreative.

Ja. Also so ein Begriff, mit dem ich da viel jetzt in der Literatur auch zu tun habe, ist so dieses „kulturelles Kapital, subkulturelles Kapital", das könnte man vielleicht so, also das ist zumindest so ein Begriff, der das ganz gut

beschreibt. Und da geht es um sowas. Also dass du wahrscheinlich, also eine gar nicht so leicht fassbare aber total klare, also Fähigkeiten, die nur du als langjähriges Mitglied einer Kreativszene in einer Stadt überhaupt haben kannst und die darum wieder total wichtig sind, um Veranstaltungen zu machen, um zu wissen, wie müssen Räume aussehen, damit darin was passieren kann, damit Künstler da kreativ werden können. Das ist irgendwie so ein Begriff, der mir da unterkommt. Ich weiß nicht, ob du damit was anfangen kannst.

Nee, gar nicht. Gar nicht. Also du kannst mir gerne, als ich wäre dir sehr dankbar und das ist auch gut, dass wir reden weil dann, das ist das, was ich immer mach, ich spanne Menschen einfach ein [lacht]. Ich arbeite gerade an einer Service-Seite was diesen Bereich angeht, wo ich Menschen interviewen werde. Es gibt auch schon Video-Interviews, die von sehr geilen Leuten geschnitten wurden, wie zum Beispiel mit dem „Clubbers", mit dem Enninger das sind immer so Zweiminüter. Ich werde Gastautoren haben, vielleicht hast du Bock, da auch so ein bisschen mitzumischen? Ich gehe gerade in die Kooperationen mit dem „Reflektor M", das ist so ein Online-Magazin für zeitgenössische Kunst. Dahinter steht die „Federkiel-Stiftung", Karsten Schmitz, „Luitpold-Blog" und so „alte Spinnerei" in Leipzig und so ergeben sich gerade so nette Schnittstellen und das Ding wird wahrscheinlich so Ende nächsten Monats an den Start gehen. Und was ich damit machen möchte, ist natürlich mich a) zu positionieren, klar, nee, nicht a), erst b) oder c), aber a) Service zu bieten: Was ist denn eigentlich eine Zwischennutzung? Diese Zwischennutzungen sind für München einfach extremst wichtig. Das sagen auch Kreative, weil es gibt einen anderen Fokus auf deren Arbeiten. Das macht sie attraktiver, sie haben eine breitere Öffentlichkeit. Dieses interdisziplinäre Arbeiten. Also es entstehen neue Dinge, die aber nachhaltig sind und über die Nutzung hinaus gehen. Genau. So eine Art Wissenstransfer, dass auch andere sich trauen, Zwischennutzungen zu machen. Junge. Man muss ja keine Ausbildung haben, um eine Zwischennutzung zu machen. Aber man muss so ein paar Sachen wissen: Wie geht man vor, wann ist es eine Umnutzung, holt man sich einen Architekten, was weiß ich, es gab auch viele Gespräche mit den Stadtbauräten. Wie kann man eine Zwischennutzung erleichtern? Weil die Teams bei der Lokalbaukommission sind einfach überfordert und die geben meistens, halte die sich an ihre Regelwerke. Aber es gibt einen Ermessensspielraum. Also du musst Glück haben, als kreativer Zwischennutzer, dass du an das richtige Team gerätst. Es gibt zwei Typen von Beamten: Das eine sind die Bedenkenträger und die halten sich genau an die Gesetzte und du wirst deine Zwischennutzung nicht durchbringen. Du wirst drauf zahlen. Und dann gibt es die Tüftler. Und die haben Bock, die haben Schmetterlinge im Bau, die wissen, die kriegen so einen Ärger, wenn da auch nur einer stört, oder wenn da irgendwas passiert, fällt der Ärger auf die zurück. Und die sind aber bereit, den Ermessensspielraum auszuschöpfen. Und das kann aber gar nicht sein, dass du schauen musst: Ah, ich bin jetzt in dem Stadtteil, da ist das Team zuständig, Scheiße, dann muss ich es absagen und mache eine andere Zwischennutzung. Das kann nicht sein. Und da gab es eben Gespräche mit der Stadtbaurätin, wo wir dann auch Dinge gesagt haben, da war der Cornelius Mager auch dabei gesessen, dass es ein super Weg ist, dass man, bevor man überhaupt, normalerweise musst du einen Bauantrag stellen, damit du überhaupt gelesen wirst. Wenn du aber einen Bauantrag stellst, musst du aber schon so-und-so-viel zig tausend Euro übrig haben für einen Architekten, also muss es anders gehen. Du musst eine Person da drin haben, die sich das anschaut und auf Machbarkeit prüft. Und der intern, der als Schnittstelle zu dir und seinen Kollegen damit der das vermitteln kann, intern. Und solche Gespräche gibt es sozusagen, da ist auch was am machen.

Ja, wenn man das so hört, dann hat man schon das Gefühl, dass du auf jeden Fall eine extreme Expertin auf dem Gebiet der Zwischennutzung bist [lacht], das ist so, nicht, dass es da nicht viele gibt, die sich da gut auskennen.

Bis vor Kurzem hätte ich da ein Problem damit gehabt, dass du das sagst, weil ich habe mich nicht als Expertin-

Ja das ist ein komisches Wort.

Nee, jetzt stehe ich drauf. Da gibst du mir gerade, ich kriege sogar Gänsehaut, sage das bitte öfter, in dem Gespräch weil, ich muss das lernen. Ich bin tatsächlich eine Expertin. Weil, das ist paradox: Zwischennutzer. Hast du ein Projekt, du warst noch nicht einmal in dem Raum. Es ist so die Rede davon: Du wirst empfohlen, du triffst dich mit den Investoren und es ist auch schon passiert, dass du ein halbes Jahr gar nicht in den Raum kommst. Die wollen erst Konzepte, dann wollen sie irgendwelche Zahlen, sie wollen irgendeine Planungssicherheit. Sie checken nicht, also ich kann oft nicht erklären, also deshalb braucht es da viel Aufklärungsarbeit. Auch bei den Investoren selbst. Was ist bei einer Zwischennutzung wichtig, ist Planungssicherheit. Damit haben sämtliche Behörden Probleme. Aber auch Investoren, Sponsoren, Großveranstalter, also Booking-Agenturen, sie sagen: „Ich will, dass der Ben Klock bei dir auflegt, du hast eine geile Location! Da kommen dann fünf Tausend Leute. Aber ich brauche eine Planungssicherheit. Das wird in einem Jahr stattfinden, gibt es dich da noch? Können wir das schriftlich haben?" Jemand, der gewohnt ist, so zu arbeiten, also es gibt keine Planungssicherheit. Ich werde erst inspiriert, wenn ich in dem Raum stehe. Und wenn einer vom Baureferat, am besten der Chef, mit mir da rein geht und ich den frage: „Kann ich da den Club machen? Kann ich da den-ah ja, da kommt da der Mooner rein, dann machen wir da eine Nähwerkstatt und dann machen wir das". Wir willst du so jemandem beibringen, mit 47, du musst dich jetzt strukturieren, du musst dein Paket sozusagen auseinander dröseln und als Agentur entsprechend in dem Wording anbieten. Und Preisspannen dazu.

Aber du hast trotzdem ja sicher schon erlebt und auch schon länger jetzt an diesem Wissen, das du hast oder diesen Fähigkeiten, die du da hast, dass da von außen auch ein Interesse daran besteht, oder?

Ja, kann ich dir gerne auch ein Beispiel sagen. Das kriegen Leite mit, teilweise Leute, die ich noch nie gesehen oder gehört habe und für mich war das immer so ganz selbstverständlich, Auskunft zu geben. Da ruft mich zum Beispiel eine an, die macht Stadtführungen. Die kennt mich nicht. [mit rollendem R] „Grüß' Gott Frau Spindler, also ich wollte Ihnen nur sagen, das ist ganz toll, was Sie machen. Ich habe in der Presse von Ihnen gelesen, seit Jahren verfolge ich das. Jetzt ist es so, ich mache Stadtführungen" also ich rede jetzt so n rollendes R, weil das war so eine Landpomeranze [lacht], die da anrief und ich wusste nicht: Was will sie jetzt eigentlich? „Ja, ich würde mich gerne mal mit Ihnen treffen und mich aus-tauschen" Und ich so: „Mhm. Oke." „Ja, ich stehe ganz am Anfang, ich bin sozusagen Existenzgründerin und was machen so die nächsten Tage?" Und ich: „Ja, ich habe überhapt keine Zeit, ich mache jetzt die „Nerd Nite" wenn Sie wollen, schreibe ich Sie gerne auf die Gästeliste". Kommt zur Nerd Nite, stellt sich hin: [mit hoher Stimme und bayrischem Dialekt] „Grüß' Gott Frau Spind-ler, mei, das ist so toll, was sie machen. Können wir uns, kann ich Sie nächste Woche anrufen?" Ruft mich an: Ja, sie weiß jetzt nicht, also sie möchte gerne Stadtführungen für Kinder anbieten. „Ja waren Sie denn schon da und da? Ha-ben Sie denn mit dem und dem schon geredet?" „Nee, kenne ich gar nicht, kön-nen Sie mir da die Nummern geben?" „Ja, gebe ich Ihnen" „Ja, dann rufe ich Sie einfach nächste Woche nochmal an, vielleicht kommen wir auf eine Tasse Kaf-fee". Ruft mich nächste Woche nochmal an und da hab ich gemerkt: Also, da kommt eine, also du gehst in ein Restaurant, also du bestellst einen Teller Suppe und dann kommt einer und setzt sich dazu mit seinem Löffel und löffelt mit. Ich weiß jetzt nicht, ob das das ist, deine Frage beantwortet?

Ja, sie geht ein bisschen in die Richtung, ich würde noch so ein bisschen auf einer anderen Ebene auch gucken, dass du zum einen die Ebene der Stadt als Player, oder als Institution der immer die Frage hat: Okay, wie gehen wir mit unseren Kreativen um. Ich weiß nicht genau, wie du da mit denen schon zu tun hast?

Sehr.

Und auf einer anderen Ebene dann die Industrie sozusagen, die ja auch immer auf der Suche nach neuen Konzepten sind und so weiter. Wo ich mir vorstellen kann, dass die auch schon auf dich zugekommen sind.

Ja, also so-

Das würde mich interessieren nochmal.

Teilweise mit nicht so ehrenwerten Absichten auf mich zugekommen sind also Industrie, wo man am Anfang denkt: Ach endlich, proaktive Zwischennutzung, Ich-Agentur, ihr bezahlt mich, ihr wollt die Zwischennutzung, endlich. Weil normalerweise ist es ein Klinkenputzen anders herum. Aber dann stellt sich heraus: Ja, sie haben sich eigentlich eine Zwischennutzung, die haben schon mitbekommen, dass es im Wert, da steigt man im Wert, öffentlich und auch bei der Stadt. Und dann gehen Genehmigungen schneller her, für das eigentliche Bauvorhaben. Auch Schweineabsichten. So: Ah, da machen wir jetzt etwas, was jetzt nicht so ganz koscher ist und über die Spindler kommen wir dann, dann mögen die uns, wenn wir das machen. Also die Erfahrungen gibt es auch. Dann die Stadt – was meint man mit „Stadt"? Stadt klingt immer so, als wäre das so ein Organ. Aber das ist es ja nicht. Es gibt ja die unterschiedlichen Referate. Alles, außer das Kulturreferat würde ich sagen, also so die Genehmigungsbehörden, Planungsreferat, Kommunalreferat. Die sind sehr offen diesem Thema gegenüber, aber auf der höchsten Ebene. Auf der Sacharbeiterebene. Da liegt ja auch die Verantwortung. Da bist du dann eher nicht so gerne gesehen. Kommt darauf an, ob du beim Tüftler oder beim Bedenkenträger landest. Aber beim Kulturreferat ist es wieder so eine andere Sache. Da bist du hoch angesehen. Also durch sämtliche Hierarchien, die wissen das zu schätzen, werden aber ihrerseits nicht ernst genommen von den anderen Referaten, geschweige denn von einem Investoren. Das heißt, wenn ein Investor kommt und dich verarscht [lacht], also will, dass du eine Zwischennutzung machst weil er sich dadurch etwas erhofft, dass sein Bauvorhaben dann schneller voran geht oder sonst irgendetwas. Die freuen sich natürlich, wenn das Kulturreferat das ganze supportet, weil das schreiben sie sich schon gerne auf die Fahne. Aber wenn es dann soweit ist, dass sie, was auch schon passiert ist, dass sozusagen heraus kommt: Sie haben dich eigentlich nur missbraucht, dann brauchst du denen nicht mit dem Kulturreferat als Druckmittel kommen. Da kann ein Küppers dann irgendwie viel sich mit einklinken, den anrufen, der wird nicht ernst genommen, weil der ist „nur" Kultur. Andererseits, wenn ich auf die höchste Ebene gehe, bei einzelnen Projekten, wenn ich mit dem Stadtbau telefoniere oder mit einem Mager zusammen sitze, die das wirklich toll finden, die sagen: „Zwischennutzungen sind wichtig und wir fördern die" und Zwischennutzungen zu genehmigen ist auch ein bisschen wie jemandem einen blanko Schein auszustellen. Machen oft die unteren, also die Teams spielen da nicht mit. Es ist alles ein bisschen kompliziert, man muss es schon mögen. Ich rede jetzt aber von großen Zwischennutzungen, also wirklich.

Und wenn du da jetzt an deine Agentur denkst und dieses Thema „Agentur für proaktive Zwischennutzung" – Wen kannst du dir da als Kunden vorstellen?

Gute Frage, also das ist genau das wo- also Kunden wären für mich die Stadt, zum Beispiel. Kooperationen, ich könnte mir vorstellen, dass das, was der Jürgen Enninger macht, dass da zum Beispiel auch eine Agentur braucht, die ihm zuarbeitet. Also jemand, der in der Szene wirklich drin hockt, der mit Investoren vernetzt ist, mit der Stadt auch vernetzt ist. Da werden vielleicht die Grundsteine gelegt, die schicken dir Leute und ich kann die begleiten und weiß, worauf es ankommt bei konkreten Inhalten. Dann, wie es jetzt gerade passiert: Gemeinden zum Beispiel, die hören ja jetzt so zum ersten Mal teilweise diesen Begriff „Kreativwirtschaft" und finden das extrem sexy. Gerade in Gemeinden, wo die Jungen abwandern, für die nicht mehr viel geboten ist, eine gute Infrastruktur für Ältere geschaffen ist, die eine Außenwirkung sozusagen haben möchten und auch wieder eine Einladung für junge Kreative, für Startups sein wollen. Also das geht dann schon in Richtung Wirtschafts-Change-Management, dass man da engagiert wird von Gemeinden. Kunden als Agentur, also um diese Geschichte kurz zu vollenden mit dieser Dame: Ich habe mir dann überlegt, wie werde ich die am elegantesten los. Und sie rief dann tatsächlich nochmal an und wollte mit mir Kaffee trinken gehen. Und dann habe ich ihr gesagt: Das freut mich total, dass sie mit mir Kaffee trinken gehen will, das würde ich auch gerne machen, ich habe bloß gar keine Zeit. Sie kann es aber gerne genauso machen, wie alle anderen auch. Also: 50 Minuten = 90 Euro. Und dann kriegt sie gerne Kontakte von mir und das kann eine einmalige Sache sein oder regelmäßig, in Form von Workshops, kriegt Aufgaben auf, wenn sie gerade startet damit und dann hat sie gemeint: Nee, also diese Kontakte, die ich ihr gegeben habe, die hat sie sofort kontaktiert und sie hat auch sofort Aufträge bekommen und das läuft jetzt alles super. Sie wollte jetzt eigentlich noch mehr Kontakte haben, aber aha und was kostet das jetzt genau? Interessant. Nee, braucht sie eigentlich gar nicht aber Dankeschön und sie meldet sich dann. Nie wieder. Genau. Und das ist aber etwas, wo ich mir so dachte, das ist das, was ich eigentlich am besten kann. Zwiegespräch sozusagen. Heraushören, wo braucht es noch etwas, welchen Kontakt, wenn es ein konkretes Vorhaben gibt. Also Beratung. Beratung von Unternehmen auch, wenn die irgendwie sagen: Wir haben hier einen Raum, wollen bisschen uns als Mäzen der Kreativwirtschaft präsentieren. Zu sagen: Das und das könnt ihr machen. Also irgendeine Beratungstätigkeit auch.

Also was wären dann nochmal ganz konkret die Sachen, die du dann anbietest?

Das wären, gut, dass wir darüber reden! Schau, ich habe es mir aufgeschrieben. [lacht]

Ja, das trifft sich doch gut.

Das ist genau mein Thema gerade. Was mache ich eigentlich, habe ich mir gedacht. Ich habe in mein schönes pinkes Buch solche Sachen reingeschrieben. [blättert] Ganz schön viel reingeschrieben. Jetzt müsste ich es auch noch finden. Also Netzwerken, dass ich interdisziplinär arbeite, Veranstaltungsorganisation, Presse- und Öffentlichkeitsarbeit, Social Media, Eventmarketing, Locationscouting, Genehmigungen, Bookings, Akquise, genau. Solche Geschichten. Beratung natürlich. Kuration.

Okay, ja. Super spannend. Inwiefern würdest du dich dann mit dem oder auch mit den Sachen, die du davor gemacht hast auch, kannst du dich mit dem Begriff „Unternehmer" oder „Unternehmertum" identifizieren?

Meine Agentur meinst du jetzt, oder-

Ja, du auch. Auch mit sowas wie Puerto Giesing. Da warst du ja sicher auch auf eine gewisse Weise unternehmerisch tätig.

Ja also das war so, dass ich da eigentlich das von mir weggehalten habe. Gestern habe ich gesagt: Ich will damit nichts zu tun haben, ich hole mir einfach Leute rein aus der Gastronomie. Ich bin kulant und sag: 50:50. Und ich will damit nichts zu tun haben und bin dann aber zwei, dreimal hintereinander so böse Bahn gegangen und als Kreativer hast du auch oft Berührungsängste diesem Unternehmertum gegenüber. Du willst eigentlich nur kreativ sein und dass das honoriert wird, aber das funktioniert nicht. Du musst unternehmerisch denken, sonst kannst du nicht kreativ sein. Und die meisten Künstler, die meisten Kreativen, die erfolgreich sind, die ich kenne, da gibt es ja immer so dieses: Ja, der ist halt kreativ, der hält halt seine Termine nicht ein. Die vereinen beides in sich: Kreativität und Unternehmertum.

Und wie siehst du es dann jetzt mit der Agentur? Mit dem Thema der Agentur?

Die Agentur sehe ich als eine Notwendigkeit, der ich die ganze Zeit ausgewichen bin. Eigentlich war ich das schon immer, obwohl ich Betreiberin war, war ich eigentlich mehr Agentur. Das, was ich damals gemacht habe, das beziffere ich jetzt nur. Ich versuche Kennzahlen dafür zu finden für eine Gemeinde, für einen Bürgermeister, für irgendwelche Gemeinderäte, für einen Unternehmer, der den Unterschied einfach nicht kapieren wird, was der Unterschied zwischen Kultur- und Kreativwirtschaft ist. Jetzt gibt es ja einen Jürgen Enninger, der dann seit einem Jahr da rummacht. Ich habe jetzt noch keinen nennenswerte Zwischennutzung daraus. Also ich muss mich auch mal mit ihm unterhalten, weil er berät ja eigentlich nur, aber das jetzt speziell Zwischennutzen dadurch zustande kam, habe ich jetzt nicht mitbekommen. Und das war ja der Sinn der Funktion, eine Schnittstelle zu sein, zwischen den Referaten, weil das Kommunalreferat hat ja auch Unmengen an Leerständen anscheinend. Das ist aber ganz schwierig, ich mein, der hat jemanden aus dem Kommunalreferat in seinem Team sitzen und ich habe ihm gesagt: Das geht nicht. Das habe ich ihm noch gesagt. Das wird nicht funktionieren. Wenn nicht zusätzlich jemand aus der Rechtsabteilung auch da drin sitzt. Weil an der Rechtsabteilung scheitert es. Weil du hast einen Leerstand, die wollen auch, dass du das machst und dann klingt sich innerhalb der Struktur plötzlich die Rechtsabteilung ein. Ich habe dir jetzt lauter Sachen gesagt, die du mich nicht gefragt hast.

Ja, das ist super interessant, das Gespräch, ganz ehrlich.

Cool. Das sagst du jetzt nicht, weil du höflich bist, oder? [lacht]

Nee, das geht genau um das Thema eigentlich, dass ich behandele. Und auch um die Frage eben, also in meiner Arbeit nenne ich das das „subkulturelle Kapital", das ist genau das, was sich bei dir zeigt in den sehr exklusiven Wissen, das nicht viele haben: Wie nutzt man einen Raum für die Kreativszene mit den ganzen Leuten drum herum, die dann auch kommen wollen, mit den Kontakten der Stadt und so. Und dann die Frage, wie kann

man das nutzen, um es in wirtschaftliches Kapital umzuwandeln. Also ist es **überhaupt möglich? Genau um die Frage dreht sich meine Arbeit.**

Und inwieweit muss man Lobby-Arbeit auch betreiben. Es gibt ja viele, die Kultur sozusagen veranstalten, die sich politisch dann auch, also dass man sich mit dem Politiker gut stellen muss und zur Zeit stellt man sich dann mit dem Seppi Schmid gut und ist dann plötzlich so CSU und das ist etwas, wo ich mich bis jetzt verweigert habe und gesagt habe: Ne. Also ich stelle mich lieber mit der Verwaltung gut und mit den Kreativen, weil es da um Inhalte geht aber was ich ganz schlimm finde, ist das, was die Urbanauten abziehen. Also hier mit Schirmherrschaft CSU, auf jedem Foto der Seppi Schmid, der dann da seinen eigenen Wahlkampf betreibt und es plötzlich regenbogenfarbene Regenschirme auf dem Kulturstrand sich ablichten lässt zum CSD und sowas finde ich ist so gegen die Kultur eigentlich. Da verkauft man sich. Sich und die Kreativen.

Dieses Thema können wir kurz noch anschneiden vielleicht. Dieses: Wann, hast du das Gefühl, verkauft sich eine Subkultur? Wo sind so Grenzen erreicht?

Also ich habe gemerkt, Subkultur, Underground nenne ich es jetzt mal, Subkultur möchte ich es nicht labeln, weil es irgendwie ein falsches Label ist. Das ist so…mir fällt gerade ein, dass ich mal in einem türkischen Bazar stand und da gab es einen Levi's-Stand und die haben Gürtel verkauft. Und da stand: „Originalö Levi's" drauf. Fällt mir zum Thema Kulturlabel ein. Das ist jetzt, also da würde ich ganz viele Leute anpissen, aber ist halt einfach so. gerade die Leute aus dem Underground transportieren gerne dieses Image also dadurch erhält sich dieses Image aufrecht, dieses Label „Ich verkaufe mich nicht, weil ich bin ja Subkultur oder ich bin Underground". Aber das sind die ersten, die sich verkaufen. Also du musst nur hingehen und sagen: Würdest du gerne? Bei der- Levi's-Tour hatten wir eine Portugiesin, bei der Kelis und der Mark Ronson aufgetreten sind wo Leute, die aus dem Underground waren im ersten Stock sozusagen ihre Veranstaltungen gemacht haben. Das nach außen hin total scheiße fanden, also man definiert sozusagen durch solche Botschaften wie „das finden wir scheiße, weil das ist Mainstream" aber wenn du hingehst und sagst: „Ein Kumpel von mir hat eine Agentur und macht jetzt gerade für so eine T-Shirts, keine Ahnung Ed Hardy, möchtest du da auflegen? Du kriegst einen Tausender", dann sind die sofort dabei. Jeder verkauft sich für Geld. Also es gibt kein Label, das sie nicht, also vielleicht irgendwelche, keine Ahnung.

Ist ja an sich auch nicht schlecht, dafür bezahlt zu werden, was man tut.

Genau. Das ist so eine Gradwanderung. Wo ist es noch okay und ab wann ist es nicht mehr okay, ab wann verkauft man sich?

Anhang B: Transkription des Interviews mit Michael Wiethaus

Was bedeutet Subkultur für dich?

Michael Wiethaus: Das fängt gleich ganz gut an. Was bedeutet das für mich? Was würde ich da dazu zählen? Skateboarden, so Sachen, die eher so Außenseiterrollen einnehmen. Oder Leute, die teilweise auch was Verbotenes machen. Das würde ich als Subkultur bezeichnen. Skateboarden, Graffiti, Punk-Rock, Hip Hop, Street Art. Keine Ahnung, was es da für eine Definition gibt. Aber das ist für mich schon eher der Begriff dazu. Leute fernab der Norm. Außenseiter, das trifft es ganz gut.

Jetzt hast du so Sachen angesprochen wie Hip Hop, Skateboarden, aber auch Street Art und so. Das sind ja auch alles Sachen, die einen künstlerischen Output generieren, oder die Bilder und Ästhetiken generieren, von denen du weißt, die kannst du genau einer Subkultur zuordnen. Wie blickst du auf diesen symbolischen Teil der Subkultur?

Es geht ja immer drum, etwas zu machen. Man geht raus und skatet. Man guckt sich die Stadt an und fragt sich, was gibt's. Also man bewegt sich in der Stadt. Das ist auch bei Graffiti ähnlich. Ich glaub, dass dabei auch die Stadt eine zentrale Rolle spielt und wie man das Innerste nach außen bringt. Das ist glaube ich das, was alle so vereint. Man will etwas darstellen, entweder ist man es selbst oder seine Crew, seine Homies, seine Tricks, seine Musik und das möglichst im urbanen Raum, also in der Stadt. Es nutzt mir wenig, wenn ich auf dem Dorf meine Sachen mache. Wenn ich eine Line auf dem Dorf filme, auf offener Straße, wo keine Sau ist, dann hat das nicht so einen ästhetischen Wert wie wenn ich jetzt in der Stadt in einer Häuserschlucht drehe.

Magst du mal einfach erzählen, wann du das erste Mal das Gefühl hattest, dass du Teil einer Subkultur bist?

Man nimmt sich das ja nicht richtig vor. Es ist ja nicht so, dass ich sage, okay ich will jetzt Teil einer Subkultur sein. Ich habe halt in der Schule einen Typen gesehen, der war so ziemlich der einzige Skater. Der ist dann an mir vorbei gerollt, hat einen Ollie gemacht und das war's dann. Und das wollte ich dann unbedingt machen. Und dann war da noch so ein Typ bei mir in der Klasse, der auch Graffiti gemacht hat. Wir waren halt auf dem Land und sind dann erstmal in die Stadt, irgendwas brauchst du ja, ein Skateboard oder so. Du siehst halt dann ein Video, dann willst du auch die Klamotten haben. Dann fängst du irgendwie an, skaten zu gehen, lernst Leute kennen. Lernst dann immer mehr

Leute kennen, die Skateboard fahren. So begriffen, dass ich ein Teil davon bin, habe ich eigentlich erst, als ich angefangen habe, im Skateshop zu arbeiten. Da habe ich dann innerhalb von zwei, drei Jahren wirklich so viele Leute kennengelernt, die dann auch wirklich so meinten „Du bist doch der aus dem Goodstuff, also aus dem Laden." Da habe ich dann so gecheckt, das ist vielleicht was Größeres als nur rausgehen und skaten. So kann man das glaube ich sagen. Dann grüßt du Leute, die dir über den Weg laufen, weil sie ein Skateboard in der Hand haben. So checkst du dann, dass das mehr ist. Dann grüßt du dich, machst was aus, triffst dich zum Skaten oder pennst bei Leuten, die du eigentlich gar nicht kennst. Das ist dann was anderes als nur ein Brett mit vier Rollen.

Du bist in München nach wie vor aktiv in der Skater-Szene. Wie die Curcuma einen Gangnamen hat und gewisse Symbole mit den Kutten, die ihr euch macht und so weiter. Was würdest du sagen, wann sind solche Dinge, die verbindend sind, aufgekommen?

Die banalsten Symbole sind eigentlich echt Klamotten. Du brauchst halt zum Skaten bestimmte Schuhe. Das kannst du dann runter brechen von Hosen, die länger halten, bis zu Pullis, die angenehm sind, oder günstig zu kaufen sind. Dann schaust du dir Videos an, bestimmte Skater-Profis fahren dann halt für eine Marke, wenn du dann einen bestimmten hast, dessen Skaten dir halt mega taugt, dann kaufst du dir natürlich einen Pulli von der Marke. So fängt es glaube ich mit der Symbolik an. Wenn du dann eine Gang hast, ist ähnlich wie beim Graffiti. Entweder hast du einen Tag, oder du brauchst ein Logo und einen Namen. Das kommt glaube ich echt aus dem Gang-Gedanken auf der einen Seite und auf der anderen so durch Marken. Es gibt auch so Pros, die ihren Gangnamen dann übertragen haben auf ihre Firma.

Jetzt ging, und das unterstelle ich einfach mal, parallel zu so einer ersten Sozialisation im Skateboarden auch das Entdecken der eigenen Kreativität und das Anfangen, selber kreativ zu arbeiten los. Magst du das einfach mal beschreiben?

Da muss ich glaube ich auch wieder auf das Einkaufen kommen. Du hast dann da so eine riesen Auswahl an Decks und suchst es natürlich schon so nach Größe oder dem Shape aus. Aber eine der wichtigsten Sachen ist schon der Style. Wie schaut das aus, wenn ich mich auf dem Skateboard bewege? Das soll jetzt nicht dämlich ausschauen. Und Teil davon ist eben auch die Deck-Grafik. Inspiration für Tricks haben wir uns halt früher aus Mags oder Skate-Videos geholt. Irgendwann denkst du dir, jetzt probier ich das auch mal. Dann kriegst du irgendwann vom Opa einen Fotoapparat in die Hand oder eine Videokamera und dann probierst du das einfach mal aus. Am Anfang hatte ich noch überhaupt nicht die Intension, dass das mein Beruf werden könnte. Das kam dann eher, ich wusste gar nicht, dass es Grafik-Design gibt. Ich dachte halt, da sitzt jemand, der malt und dann kommt das auf das Brett irgendwie. Und das kam dann eigentlich erst viel später. Aber wenn du anfängst zu skaten und da ein bisschen am Ball bleibst, dann kommt das eigentlich von alleine. Man fotografiert sich, man filmt sich gegenseitig, macht vielleicht so ein eigenes Sign oder so was. Und bei mir kam das dann viel später, dass ich so dachte, okay, ich könnte das ja eigentlich auch als Beruf machen.

Magst du noch mal ein bisschen mehr darüber erzählen? Man macht sein eigenes Team, oder man macht Sketches für ein Deck-Design.

Man denkt sich so, wie könnte da jetzt mein Pro-Modell aussehen. Also im Prinzip macht man eigentlich einfach. Man denkt da gar nicht so groß darüber nach, eigentlich. So arbeite ich. Und ich mache halt einfach. Ich weiß auch nicht, woher das kommt. Ich habe eine Idee im Kopf, dann fange ich an, rumzuprobieren. Man hängt dann ab und hat so ein paar Sprüche im Kopf, wenn sich da dann was rauskristallisiert, was man öfter sagt, dann hast du da gleich einen Namen für irgendwas. So Sachen entstehen eigentlich aus einer Gruppendynamik, aus einer Laune heraus. Ohne den Auftrag, wir brauchen jetzt den Namen. So etwas entsteht halt.

Jetzt geht es beim Skaten schon auch immer um Orte. Wo kannst du in einer Stadt am besten skaten gehen? Irgendwie ist es auch eine Zweckentfremdung der Orte, zumindest, was die Stadtplanung gedacht hat.

Ja, das ist so ziemlich das Wichtigste. Es gibt so Orte, man kann schon durch die Stadt pushen und dann so Randstein rauf, Randstein runter, aber es braucht einfach auch so Orte, an denen man sich trifft. Da gehört ein Skateshop dazu, oder ein Spot, oder im Winter dann eine Skatehalle. Eine Halle ist aber auch kein Muss, denn der Drank von den Skatern ist so groß, dass man sich halt irgendwas sucht. So ein Treffpunkt ist halt enorm wichtig für so eine Szene. Das ist hier in München halt relativ schwierig, weil man nichts darf. Aber die Leute sind dann auch so unterwegs, dass es einem auch wurscht ist. Dann schaut man halt irgendwie, dass es trotzdem funktioniert.

Du hast vorhin schon angesprochen, dass es dir dann später erst aufgefallen ist, dass es so was wie Grafik Design überhaupt gibt. Dass du so eine beruf-

liche Identität für dich gefunden hast, was du arbeiten willst. Magst du den Prozess und die ersten Schritte in die Arbeitswelt kurz beschreiben?

Ich habe erstmal eine handwerkliche Lehre gemacht, dann dort auch gearbeitet und dann so gemerkt, okay das ist so überhaupt nicht meins. Es war so ein langer Prozess bei mir. Dann bei meinem Vater in der Gärtnerei mitgearbeitet und dann irgendwann gemerkt, okay scheiße, das kann jetzt nicht das Ende sein. Kein Bock, das jetzt die nächsten 40 Jahre weiterzumachen. Und dann Abitur nachgemacht und studiert und über meine Exfreundin dann eigentlich erst realisiert, okay es gibt das Grafik Design. Das gibt es als Studium und als Beruf. Und dann habe ich erst Landschaftsarchitektur ausprobiert aber dann auch schon gemerkt, ich gestalte auch nur die Pläne. Mich interessiert da gar nicht, was da gepflanzt wird, sondern eher das Gestalten an sich. Das kam dann eigentlich parallel zu einer Zeit, in der ich ziemlich viel geskatet bin und wenn nicht in der Uni, dann im Skateshop oder auf dem Skateboard war. Ich weiß nicht, ob das Zufall ist. Aber ich habe dann das Studium verkackt und dann gesagt, es führt kein Weg daran vorbei, ich mach das jetzt einfach. Und jetzt mach ich's halt auch.

Was hieß das dann „Jetzt mach ich's auch für dich? Was waren da so die ersten Male, als du gemerkt hast, okay ich kann damit wirklich Kohle verdienen oder kannst damit eine wirtschaftliche Existenz aufbauen?

Im Shop hatte ich dann mal die Möglichkeit, ein Shirt zu machen. Dann hat er mir halt 500€ in die Hand gedrückt und ich hab halt so ein Teil gezeichnet. Und dann checkst du halt okay, da bezahlt mich einer fürs Zeichnen. Das, was du halt eh machst. Und dann hat man natürlich Bock drauf. So simpel ist es eigentlich. Am Anfang macht man das so für sich und für seine Homies und dann gibt dir einer Geld dafür und dann macht es halt Klick.

Wie ging das dann weiter?

Ich hab dann ein Praktikum gemacht, das dann eher so aufs Handwerk, Mediengestalter sagt man da glaube ich. Ich hatte dann einfach Bock, irgendwie den ersten Schritt zu machen nachdem das Studium vorbei war. Da hatte ich das Glück, dass ich jemandem sympathisch war und das war. Und dann habe ich dann so Photoshop, InDesign, Illustrator ein bisschen gelernt. Nebenbei habe ich dann angefangen wieder zu studieren und dann hatte ich die Möglichkeit über einen Kumpel, bei einem Verlag zu arbeiten. Habe dann da angefangen, ein Magazin zu gestalten, dann ging es los. Das was ich immer so auf dem Papier hatte, kam dann auf den Rechner. Durch den Job im Skateshop kannte ich dann viele Leute, die selber Klamotten machen, die Shops haben, die sich dann austauschen. Magst du nicht mal ein Plattencover machen, magst nicht mal ein T-Shirt machen? Hast du Bock mal Fotos auf einem Event zu machen? Die Basis davon war also so der Skateshop. Dadurch habe ich dann so viele Leute kennengelernt, die mir die Möglichkeit dann gegeben haben, um so Output zu generieren. Dann auch Ausstellungen zu machen.

Das was du da gerade ansprichst, das sind dann ja eher so kleine Unternehmen, die dann aus der Szene selbst kommen.

Man lernt halt automatisch voll viele Leute kennen, und dann geht's halt los.

Also der Skateshop, der Klamottenladen, die dann aus der Kultur selbst kommen. Und im Gegensatz dazu dann auch zu so einer Firma wie Nike oder so, die zwar auch in der Kultur verankert ist, oder auch was damit zu tun hat, aber auch als potenzieller Auftraggeber existiert. Siehst du diese zwei Ebenen, dass es zum einen in der Kultur eine Wirtschaftsebene gibt und zum anderen eine große Industrie?

Nike ist jetzt keine Firma, die aus dem Skateboarden kommt. Über die Jahre hat sich dann schon eine Skatefirma entwickelt, die krass viel Kohle macht. Sowas gibt es auch. Aber der Grundgedanke ist dann eher, das für sich zu machen und dann für die Szene. Und wenn das gut läuft, dann nicht nur für die Szene lokal, sondern für Deutschland, Europa und so weiter. Je größer du wächst, desto interessanter wirst du dann auch für so Sachen wie Nike. Also das Internet halt in der Entwicklung natürlich auch einen großen Stellenwert. Das ist jetzt einfacher für uns, wenn ich jetzt auf den Shop gehe, für den ich jetzt arbeite, so ein kleiner Skateshop in München. Das wäre vor 10/15 Jahren nicht möglich gewesen, für Nike zu arbeiten. Oder dass die dann Leute zu uns schicken, das filmen und so ein Heft entsteht. Das wäre bis vor ein paar Jahren noch gar nicht interessant für die gewesen. Subkultur ist für Nike einfach enorm attraktiv. Das vermittelt halt Glaubwürdigkeit und ne Coolness. Komischerweise will das ja jeder haben. Auch Leute, die nichts mit Skaten am Hut haben. Man will halt irgendwie cool sein.

Glaubst du, dass das, was du in der Subkultur gelernt hast, was ist cool, was sieht gut aus, was hat Style, dir jetzt in deinem Beruf hilft? Oder dass nach dieser Ästhetik gesucht wird?

Ja, schon. Also ich glaube es geht nicht unbedingt darum, dass sie alle meine Zeichnungen geil finden, sondern es ist eher so ein bestimmter Arbeitsablauf, der für so Firmen attraktiv ist. Weil man als Skateboarder oder als Teil von der Subkultur lernt, mit wenig viel zu machen. Man hat halt nie Geld, aber man lernt mit widrigen Umständen umzugehen. Man hat ständig Stress mit den Bullen oder durchs Reisen ist man ständig blank und man muss ständig improvisieren. Wenn ich mir was nicht leisten kann, dann versuche ich trotzdem das best mögliche Ergebnis herauszuziehen. Du kostest denen halt nichts. Freunde von mir, die sind Filmer. Du gibst denen eine Kamera in die Hand und die brauchen keinen am Licht, keiner der eine Kameratasche schleppt, weil sie es nicht anders kennen. Und momentan, habe ich den Eindruck, sind solche Leute enorm gefragt. Wenn man was nicht hat, dann muss man es sich eben besorgen.

Magst du mal noch auf deine Arbeitswelt gerade eingehen? Wie ist dein Workflow?

Faktisch bin ich in dem Laden, in dem ich arbeite angestellt, bin da aber physisch nur zwei Mal die Woche. Um Geld zu verdienen, arbeite ich eben nebenher als Freiberufler, alles auf Rechnung, bin da als Dozent angestellt, in der Uni, an der ich selbst studiert habe, einmal die Woche und zwei Mal die Woche bin ich in der Agentur, in der ich der einzige Grafiker bin. Davor war ich in einem Verlag angestellt. Aber dieses gebunden sein, man hat halt einfach keinen Freiraum, um das zu machen, was man will. Als wir diese Ausstellung angefangen haben, war das halt immer scheiße. Da konnte ich mir nicht immer frei nehmen. Man gönnt sich halt die Freiheit, so viel zu machen, wie man will. Sich so ganz selbständig machen, ist aber immer noch mal die Frage, ob man das will. Eine Firma zu gründen, ist dann mit so vielen Verpflichtungen verbunden, dass du dann nicht so agieren kannst, wie ich es jetzt mache.

Was sind die eigenen Projekte, die du noch angesprochen hast, wie die Galerie?

Das ist eine temporäre Galerie sozusagen. Wir suchen uns Räume in der Stadt, für die wir nichts bezahlen müssen, oder wenig. Dort zeigen wir dann Kunst von Gleichgesinnten. Das müssen jetzt keine Skater sein. Wir versuchen, Leuten einen kleinen Push zu geben, so wie es mir am Anfang gegangen ist. Dass man dann sagt, deine Fotos sind geil, stell die doch mal aus. Und vielleicht kannst du das dann auch zum Beruf machen. Auch aus dieser ganzen Skateboard Geschichte. Ich mache das mit Leuten zusammen und ich habe noch eine Ausstellungsreihe, die ist noch ganz jung. Da suche ich mir eigentlich Leute, die früher geskatet sind oder, die einen engen Kontakt dazu haben, wo aber nichts mit Skaten ausgestellt wird. Ein Berufsfotograf, der seine roots im Skateboarden hat. Das ist ein ganz wichtiges Projekt von mir gerade.

Kannst du eigentlich mit dem Begriff Unternehmertum oder Entrepreneur etwas anfangen für dich, wenn du dir anschaust, wie du selber arbeitest oder selber vorgehst?

Unternehmertum? Da müsste ich erstmal darüber nachdenken, wie ich das für mich definiere. Ich jetzt nicht jemand, der für mich so wachsen möchte. Ich habe nicht die Ambition, Mitarbeiter zu haben und ja. Momentan bin ich eher so als Einzelkämpfer unterwegs. Aber halt immer in verschiedenen Arbeitsstätten, die ich habe, schon auch immer im Team zusammen. Ich muss natürlich von etwas leben und suche mir dann verschiedene Sachen, die es gibt. Aber dann selbst zu sagen, jetzt bin ich der Boss, so weit bin ich da noch nicht. Aber wenn man sagt, als Unternehmer muss man Geld reinkriegen, dann mache ich das natürlich schon.

Das ist schon interessant, voll viele Leute reden darüber, dass dieses Einzelkämpferding immer größer wird und immer mehr wächst. Und wir, ich zähle mich da auch dazu, auch in so eine Selbstständigkeit gedrängt werden, ohne soziale Sicherungssysteme und so weiter und sofort und da voll Gas geben immer unter der Prämisse, uns selbst zu verwirklichen.

Ja, was heißt uns selbst zu verwirklichen? Ich stelle mich jetzt nicht hin und sage, ich bin voll der Selbstverwirklicher. Man agiert eigentlich viel mehr aus einem Gefühl heraus. Man kann eigentlich scher etwas dagegen tun. Ich könnte mir jetzt natürlich auch einen Arbeitgeber suchen, der mir das Doppelte an Geld gibt, von dem, was ich jetzt gerade einnehme, aber so bin ich halt nicht. Vielleicht ändert sich das, wenn man ein Kind kriegt, oder man da gesellschaftlich ein bisschen nicht nur auf sich Rücksicht nehmen muss, sondern auf andere. Aber so diesen Grundgedanken, weiß ich nicht, schwierig. Ob jetzt jemand ein Banker ist und sagt, ich will jetzt auch Skater werden. Das weiß ich nicht, ob das möglich ist. Das wäre schon mal interessant, jemanden zu treffen, der dann in fortgeschrittenem Alter noch anfängt. Also so Leute treffe ich schon im Shop, aber die sind beruflich dann schon auf der sicheren Seite.

Zum Abschluss dann noch mal zusammenfassend. Wie würdest du deinen Einfluss von deiner Sozialisation in der Subkultur auf dein berufliches Leben beschreiben?

Ohne Skateboarden, würde ich das nicht machen, was ich jetzt mache, das ist ganz klar. Dann wäre ich jetzt wahrscheinlich noch bei der Bahn und würde S-Bahnen reparieren. Das ist klar. Das ist mein größter Einfluss eigentlich.

Anhang C: Transkription des Interviews mit Florian Kreier

Wie verwendest du das Wort Subkultur?

Florian Kreier: Ich benutze das Wort relativ selten. Aber wenn ich es benutze, dann versuche ich es für eine in irgendeiner Art abgeschlossenen Gesellschaft. Weil ich glaube, der Begriff Subkultur macht nur Sinn, wenn es irgendeine Art von Leitkultur gibt. Also wenn im Musikbereich so etwas wie Mainstream gibt, was es im Moment nicht so wirklich gibt, weil alles so krass verschwimmt, dann kann es auch eine musikalische Subkultur geben. Aber wenn es so wirklich Szenen gibt mit völlig eigenen Deutungsmustern und ästhetischen Mustern und auch einer eigenen Sprache, einer eigenen Geschichte vielleicht auch. Ich finde zum Beispiel Punk ist immer noch eine Subkultur. Trap, weiß ich nicht, ob das eine wird. Also es ist so ein bisschen die Frage, ob das dann in zwei Jahren gar nicht mehr Trap heißt, und alle sagen ne und so. Und das ist ein bisschen Ding. Ich würde es zum Beispiel auch für Neo-Nazis benutzen. Das ist eine Subkultur. Das ist ein gewachsener Teil einer Gesellschaft, der so völlig ihre eigenen gesellschaftlichen Ansichten, Muster, Lebensvorstellungen haben.

Inwiefern würdest du sagen, dass du selber mal subkultureller Akteur warst, oder bist?

Das ist so ein bisschen Definitionssache.

Ja, oder sollen wir dann für dich eher ein Wort wie Jugendkultur oder Szene verwenden? Passt das für dich besser?

Also was bei mir schon komisch ist und nicht so passt in den Subkulturen, ich habe mich wirtschaftlich nie als Subkultur verstanden. Ich habe immer schon, seit ich Musik ernsthaft mache, war immer schon bei mir das Bewusstsein da, dass es entweder funktioniert, dann verdient man Geld damit auf irgendeine Art und Weise, oder es funktioniert nicht und dann verdient man kein Geld damit. Und ich glaube diese ganze Einstellung zu Wirtschaft, die ist ein großer ausschlaggebender Parameter in ganz vielen Subkulturen. Diese ganze Hardcore-Szene. Die wirklich so eigenständige Kulturen sind. Bei mir ist es eher, was mich eigentlich immer genervt hat war, dass sich zu viele Bereiche voneinander abgrenzen. Und ich eigentlich immer auf dem Panama und auf dem Musik versucht habe, verschiedene Bereiche zu kombinieren. Das finde ich viel spannender. Ich glaube, ich bin dann in so einem subkulturellen Biotop eher dabei so, was heißt Grenzen einreißen, das ist völliger Schwachsinn. Aber zu versuchen, das miteinander zu verbinden. Also das ist dann eher meine Vorstellung. Auf so einer gesellschaftlichen Metaebene, das man so sagt, hey, dieser ganze Separatismus ist voll der Schwachsinn.

Okay. Gehen wir mal noch so ein bisschen zurück so in die Pubertät und das Aufwachsen. Wo du angefangen hast, Musik zu machen und in Bands zu spielen. Wie war dieser Sozialisationsprozess und in was für eine Kultur bist du reingewachsen? Biografisch, wie dein Weg in der subkulturellen Gruppendynamik war.

Bei mir war es einfach so mega Land. Es gab nicht viel. Es gab so die ganze klassische Kultur. Vor der habe ich mich immer fern gehalten. Ich war nie im Trachtenverein, ich war nie in der Kirche, ich fand das schrecklich. Es wurde mir auch von meiner Verwandtschaft mitgegeben. Keiner von denen ist so wirklich religiös. Und dann gab es Sport für mich, Fußball. Ich war so voll der Fußball-Dude. Und dann war es so, dass in Grassau, wo ich herkomme, gibt es das größte Asylantenheim in der Gegend. Und deswegen bin ich mit sau vielen Leuten aufgewachsen aus dem ehemaligen Jugoslawien, dann auch Irak, Iran und Russland. Man checkt ja erst so mit acht oder neun, dass man echt Freundschaften hat. Das war immer so, aha man ist eben befreundet. Aber man war immer selbst, ohne es zu checken, glaube ich, immer total überfordert von den Unterschieden. Also einfach der unterschiedlichen Art, wie wir gelebt haben, wie wir gedacht haben, wie wir Dinge auch mitbekommen haben. Und als dann mit 12/13 so das ganze Hip-Hop-Ding kam und das war dann so unsere gemeinsame Kultur, die uns dann auch auf dem Land total krass abgesetzt hat, von der Leitkultur. Das ganze Baggypants Anhaben, während alle so halb in Lederhosen rumlaufen. Wir haben uns selbst total gebrandet damit. Wir wurden auch dauernd verarscht. Wir waren dann selbst die Watschaken, die Assis, so waren wir gar nicht. Die meisten Deutschen von uns waren auf dem Gymi. Wir waren nicht Assis oder so. Wir waren halt emotional schon so separiert. Das war schon so im Subkulturellen eigentlich. Denn da gab es so eine massive Leitkultur und davon konnten wir uns abgrenzen. Und als ich nach München gekommen bin, hatte ich eigentlich das Gefühl, oder habe ich echt lange gebraucht, bis ich auf so subkulturelle Sachen gestoßen bin. Das waren eigentlich so die ganzen Jazzer die in der Hermann-Ling-Straße abhingen im Studio. Das war so der Moment, in dem ich gecheckt habe, ach geil, es gibt hier auch so was wie so eine Kultur von Leuten, die immer dagegen sind. Auf der Uni bei mir, wenn die Leute ins Atomic Café gegangen sind, dann war es schon irgendwie spannend. Ansonsten gab es vor zwölf Jahren auch sau wenig hier, das muss man auch sagen. Ich finde, in den letzten zwölf Jahren ist mega viel passiert. Vor allem, was so subkulturelles oder subgesellschaftliches Unternehmertum betrifft. Es gab damals Kneipen – langweilig. Clubs – langweilig. Die ganze Techno-Szene ist gerade so zu Ende gegangen. Es sind ja auch sau viele zu der Zeit aus München weggegangen. Ich weiß nicht, ob das die Frage beantwortet hat.

Doch, es sind auf jeden Fall sehr interessante Aspekte davon. Und du sprichst mit dem subkulturellen Unternehmertum auch einen sehr spannenden Begriff für mich an. Darauf werde ich später noch mal zu sprechen kommen. Vielleicht gehen wir noch mal ein bisschen rein ins Erzählen. Als du in München die subkulturelle Musikszene gefunden hast, magst du darüber einfach noch ein bisschen erzählen? Wie du da reingekommen bist, was das ausgemacht hat, was du gelernt hast und wie du dich sozialisiert hast?

Ich habe über einen Bekannten, meinen damaligen Band-Kollegen bei Lego-Jazz (?) , der hat Holzbildhauer gelernt und mit einer anderen Sängerin zusammen das gelernt. Und die war damals schon in München und ist mit der ganzen Gang rumgehangen, so die ganzen Jazzer. Das ganze Poets of Rhythm, Express Brass Band, Booboos, Cosmic Roof Orchestra und so die ganzen. Für mich war das, als ich so ein bisschen mit denen rumgehangen bin, ich war nämlich so ein bisschen mit der zusammen, ein komplett anderer Schlag von Menschen. Das war auch eine Subkultur. Das waren so echt Musiker, Jazzer eigentlich nur, die so alte Anzüge getragen haben, keinen Bezug zu Geld hatten, ziemlich ungesund gelebt haben und nur Musik gemacht haben die ganze Zeit. Die C hat auch im Studio gewohnt, hat da auch gepennt die ganze Zeit. Das ging so los, morgens um 10/11 kamen die ganzen Leute, haben geprobt, haben Gigs gespielt, haben Plattenaufnahmen gemacht, haben gekifft, getrunken, das ging dann so bis drei vier Uhr morgens und dann ging es den nächsten Tag grade so weiter. Das war auch so ein total abgeschlossener Kosmos, in dem ich dann ziemlich schnell gemerkt habe, dass ich da überhaupt nicht reinpasse. So im ersten Hippie-Ding fand ich das total cool, so haha und scheiß auf alles und dauernd kiffen, aber irgendwann habe ich so gemerkt fuck, das ist voll der Scheiß eigentlich. Es sind alle total unproduktiv, können eigentlich total viel, aber machen irgendwie voll wenig draus. Also eigentlich nur dicht rumsitzen die ganze Zeit. Dann habe ich mich stärker auf mein Studium konzentriert und so Beratungssachen gemacht. Und habe dann wiederum gemerkt, dass das auch voll der abgeschlossene gesellschaftliche Bereich ist, mit seinen eigenen Vorstellungen und so weiter und sofort und dass die alle gar nicht so weit auseinander gehen. Und dann habe ich so eine komische Mitte für mich gefunden. Einerseits so Auftragsmusik und auch so eine wirtschaftliche Denke, in dem Sinn, dass man halt sagt, okay man hat ein Image und man ist auch ein Produkt. Man macht sich ja zum Produkt. Und die ganzen Sachen müssen ja irgendwie laufen. Deswegen müssen die Sachen auf Labels rauskommen. Man kann nicht einfach nur so veröffentlichen. Umsonst Konzerte spielen, das waren alles so Sachen, auf die ich eigentlich nie Bock hatte. Ich habe Gitarre spielen gelernt bei meinem Opa so mit sechs, sieben. Und der hat zu mir gesagt hey, wenn du das kannst, dann spiel bloß nicht umsonst irgendwo. Damit machst du dich kaputt. Spiel lieber auf Hochzeiten oder so was. So mit Musik- und Galasachen hat er echt viel Geld verdient. Das konnte ich mir auch nie vorstellen, dass ich das so extrem mache, aber das war für mich immer schon so nach dem Motto: Hey, wovon willst du dir deine zweite E-Gitarre kaufen, wenn du mit Konzerten kein Geld verdienst? Das war auch so, damals so mit 13/14 eine Hip-Hop-Crew zu haben, die Musik hat ihm glaube ich gar nicht gefallen, hatte keinen Zugang dazu, fand er langweilig oder unmusikalisch. Aber hat immer schon so gefragt: „Ja bei Auftritten, verdient ihr da Geld?" Darauf war er geeicht, dass das so laufen muss.

Du hast ja schon gesagt, man hat ein Image und ist ja selbst auch ein Produkt. Wie würdest du dich selbst beschreiben? Was sind die Faktoren, die dein Image ausmachen? Aus der Perspektive eines Marktes?

Das ist ein Problem für mich, weil ich mich nie damit beschäftigt habe, und vielleicht auch so ein bisschen zu verstreute Talente habe. Ich bin jetzt nicht der Typ, der so mega gut Gitarre spielt, oder so mega gut singt. Es interessiert mich auch nicht, so was zu werden. Mich interessiert eigentlich die Breite der Sachen viel mehr. Das ist das Hauptproblem eigentlich, wenn man das Produkt Angela Aux so sieht, dass ich kein stehendes Image habe, das alle nachvollziehen können. Ich kann dann eher deshalb interessant sein, weil ich für eine Vielfalt stehe. Aber es war schon immer das Problem, dass ich auf einem Konzert stehe und Hip-Hop-Beats spiele, aber Platten verkaufe, auf denen Folk-Sachen drauf sind. Oder dastehe und so voll die anmutigen Folk-Sachen spiele und dann aber Gedichte vorlese, die eigentlich das ganze Vorherige niederreißen. Für mich ist es eher so ein größeres Bild, das entstehen muss, an dem ich gerde versuche zu arbeiten.

Gehen wir da mal von Angela Aux weg, sondern zu Flo Kraier, weil da gehört ja noch dazu, dass du in den Medien arbeitest, du veranstaltest Panama-Plus, du bist Texter, veranstaltest die Rationalversammlung. Dieser Flo Kraier ist ja viel mehr noch als Angela Aux. Kannst du das Produkt beschreiben, wie du gesehen wirst?

Das ist schwer zu sagen. Weil manche Leute stehen mir voll positiv gegenüber und sagen, hey, du machst so viel, und manche Leute stehen dem Ganzen eher kritisch gegenüber, sprechen da auch nicht so viel drüber aber sagen dann eher so was wie hey, konzentrier dich doch lieber mal nur auf eine Sache. Oder so „Ja, ich weiß nicht, ich habe eher das Gefühl, das sollte sich mal eher so ausreifen ein Punkt davon". Ich les halt gerade die Tom Waits Biographie und mir wird dazu so klar, auch durch seine ganzen Seitenverweise, wie wichtig das ist, dass man sich nur die Frage stellt, worauf man selber gerade Bock hat und wie man das möglichst radikal umsetzt. Dass man für die Meinungen dann sowieso nichts kann und dass man deshalb auch nicht zu viel Wert drauf legt. Das ist echt so das Wichtigste, glaube ich. Ich glaube das ist überhaupt kein nachvollziehbares Produkt, ehrlich gesagt. Ich glaube, es ist einfach ein total wildes Zusammengeworfenwerden von in irgendwelchen wilden Sachen. Weil ich da eher wie so ein kleines Kind agiere und nicht wie ein Geschäftsmann. Nicht in der Gesamtheit. Also im Moment habe ich gerade geht bei mir die Lust los, echt Theater zu machen. Ich merke gerade so richtig, wie ich das wirklich spannend finde. Kann mir auch voll vorstellen, da mehr zu machen in die Richtung. Und würde aber auch eigentlich viel mehr Musik machen und viel mehr schreiben. Das Einzige, worauf ich verzichten könnte, ist Journalismus und Panama. Das müsste ich jetzt nicht unbedingt machen.

Okay, du hast vorhin den Begriff „Subkulturelles Unternehmertum" benutzt. Wie würdest du das selber definieren? Und inwiefern siehst du dich auch selbst als subkultureller Unternehmer?

Ich glaube, wenn man wieder davon ausgeht, dass es so etwas wie eine Leitkultur gibt, dann macht der Begriff Sinn, wenn er sich auf irgendeine Art von so einer Leit- oder Mainstreamkultur absetzt. Und ich glaube das tut es in meinem Fall vor allem, weil ich von der herkömmlichen Art in Arbeitsprozesse eingebunden zu sein, losgelöst bin. Ich verdiene, gefühlt zumindest weniger, und habe weniger Sicherheiten. Dafür stelle mir nicht dauernd die Frage, was mache ich hier eigentlich? Vielleicht kann man in Subkultur-Unternehmertum das „Kultur" fast rauslassen. Wenn ich Sachen für die Band mache, ist es natürlich Subkultur, wenn ich aber Auftragsmusik mache für so BR-Produktionen, ist es noch Subkultur. Wenn ich Werbung mache, ist es bestimmt keine Subkultur mehr. Ich mache ja auch gleichzeitig Sachen, die subkulturell sind, und Sachen, die so mainstreamig sind. Aber ich bin in jedem Fall so etwas wie ein Subunternehmer. Also ein subgesellschaftlicher Unternehmer. Weil ich mich einfach aus einer bestimmten gesellschaftlichen Struktur einfach raushalte. Ich glaube auch nicht, dass ich zu etwas anderem fähig bin. Wenn ich zu sehr eingebunden bin, dann macht mir das Angst. Dann werde ich unkreativ. Das macht mich kaputt. Das ist ja auch meine Definition von Künstler, es kommt immer so ein bisschen auf die Persönlichkeit an. Wenn man abstrakt und weit genug weg ist von so einer gesellschaftlichen Norm, dann wird es auch spannend, was man zu erzählen hat. Ich glaube nicht dran, dass man so wirkliche Künstler solche Menschen sein können, die alles um sie herum nur von anderen Menschen inszenieren lassen. Bei dem subkulturellen Unternehmer ist das glaube ich auch so. Das sind nicht Menschen, die sagen, ich habs bei Simens voll gecheckt und jetzt gehe ich in den Bereich und checks auch irgendwie voll. Vielleicht taugt denen dieses ganze Arbeitsumfeld nicht. Nicht alle Menschen können sich in einer total statischen Persönlichkeitsentwicklung einfügen. Viele fallen da zwangsläufig raus. Weil sie andere Bedürfnisse, andere Träume, Schwerpunkte und Lebensvorstellungen haben.

Du sagst, wenn du mit der Band arbeitest, dann ist es auf jeden Fall subkulturelles Unternehmertum. Magst das einfach mal kurz beschreiben, wie das deine Arbeit als Indie-Musiker beeinflusst?

Wenn ich mit einer Band Musik mache, dann steht das Geldverdienen an vierter oder fünfter Stelle. Da geht es vielmehr darum, was mich gerade interessiert, wo ich hin will, ob mir das etwas als Musiker oder als Mensch bringt. Und dann kommt: Kann ich damit Geld verdienen? Bei Aloa zum Beispiel, wenn das für uns der wichtigste Punkt gewesen wäre, dann hätten wir das Ganze nie gemacht. Uns geht es eh im Vergleich zu ganz vielen anderen Bands ganz gut eigentlich. Aber es ist nicht so, dass wir damit so viel Geld verdienen würden. Wir können erst ganz langsam unsere Schulden zurück zahlen und das nach 120 Konzerten und zwei Platten und ich weiß nicht, was noch. Und das ist so ein Punkt, dass man nicht Sachen macht, von denen man glaubt, dass sie sich verkaufen, sondern von denen man glaubt, dass sie gemacht werden müssen. Zum Beispiel jemand, der Erfinder ist, der steckt ja auch nicht in so einem harten gesellschaftlichen Prozess drin. Der ist auch lose und schwingt so rum. Der nimmt die Gesellschaft eher so als Spiegel her und spiegelt darin einfach nur seine Visionen. Und sagt irgendwas stimmt da doch nicht. So und so klingt gerade alles, ist doch langweilig, lass uns doch lieber so was machen. Und alle sprechen davon, ich hab eher Bock davon zu sprechen. In den Texten, die ich als Texter mache, kommt auch das Subkulturelle als Widerstandskultur definitiv am schwersten zu tragen. Weil ich am meisten um Provokation Nachdenken eigentlich, also Texte sind nur für mich da, um Menschen auf eine sanfte Art vor den Kopf zu stoßen und ihnen zu zeigen hey, hast du mal darüber nachgedacht? Oder gib dir mal die blöde Geschichte. Da geht es dann in eine Anti-Haltung, glaube ich.

Und glaubst du, dass es innerhalb dieser subkulturellen Wertschöpfung bestimmte Prozessartigkeiten gibt, die man auch nur da erlernen kann?

Ich weiß nicht, ob du darauf hinaus willst. Gestern habe ich eine Doku gesehen, in der Truffaut Hitchcock eine Woche lang interviewt. Irgendwie sprechen die dann über eine Anordnung von Bildern. Und er sagt dann, dass Leute, die mit Stummfilm gearbeitet haben, immer mehr über Film wissen werden als Leute, die nur mit Tonfilm gearbeitet haben. Und ich glaube, dass dieses subkulturelle Organisiertsein, keine Struktur in Anspruch nehmen können, keine vorgefertigten Wege gehen können, dass das einen dazu befähigt, auf eine ganz andere Art und Weise zu verstehen, wie Gesellschaft und Wirtschaft und Volkswirtschaft und Unternehmertum funktioniert. Ich bin zum Beispiel damals zum Radio gegangen, weil mir irgendwann mal klar wurde, wie wichtig Medien sind für eine Band. Ich bin nur zu m94.5 gegangen, weil ich mir dachte, entweder ich spiele dort meine Musik selber, oder ich lerne da Leute kennen, die meine Musik über mich kennenlernen und sie dann spielen. Aber ohne das würde es wahrscheinlich nicht funktionieren. Ich habe da ziemlich unterschiedliche Sachen gesehen. Ich habe in Clubs gearbeitet, ich habe als Mischer gearbeitet, ich habe im Radio gearbeitet, ich habe Konzerte gebucht, ich hab Festivals gemacht, in Bands gespielt, beim BR betreue ich die Bands. Ich habe da mittlerweile so ein breites Wissen, dass ich immer mehr wissen werde über diesen ganzen Bereich als jemand, der nur Booking macht oder so was. Und dieses ganze Wissen, das man sich in mühsamer Kleinstarbeit und in mühsamer Erfahrung über sämtliche Art von Rückschlägen ansammelt, das ist unschlagbar. Und ich glaube, das ist in jedem Bereich gleich. Jemand, der Ingenieur wird, zu Simens geht und im Arbeitsprozess drin steckt, der ist einfach so unfassbar krasser Spezialist. Der kennt seinen Bereich, kennt sein Büro auswendig, seinen Dienstplan, aber er ist unter Umständen völlig unfähig, sich selber irgendwas aufzubauen, weil er das nie nur ansatzweise kennengelernt hat. Er ist nur auf der Autobahn gefahren und nie Landstraße. Musste nie mal anhalten oder ist falsch abgebogen. Und das ist immer das Unbezahlbarste. Experience und so Persönlichkeitsbildung.

Und merkst du, dass genau diese Kompetenzen, die du dir damit erarbeitet hast durch das ewige Lernen und trial and error in der Subkultur, von dir auch in der Industrie gefragt wird? Dass das bei dir angefragt wird?

Beim BR zum Beispiel kann ich den Job deshalb so entspannt und locker machen, ohne irgendwie größere Missverständnisse, weil ich alle Seiten kenne. Weil ich die Denke aller Seiten kenne. Ich kenne sogar die Denke von meinem Chef. Ich weiß, wie solche Menschen denke, weil ich das in der Beratungsagentur mitbekommen habe. Das ist für mich der unschlagbare Vorteil und soll auch Kern meiner Kunst sein, dass ich viel mehr diese Erfahrungen versuche, in mein künstlerisches Schaffen einzuflechten, weil das eine Sache ist, die ich habe, die andere Menschen vielleicht nicht haben. Ich kann nicht nur traurige Indiesongs spielen, ich kann auch lustige Hip-Hop-Songs machen und das ist schon eine Bandbreite, die total spannend ist und ich kann auch noch Gedichte dazu schreiben oder ein Theaterstück schreiben. In der Werbemusik, oder auch in Doku-Vertonungen, können wir Menschen gegenüber das als Benefit anführen, dass wir sagen, hey dass kann schon sein, dass ihr glaubt, dass es wisst, wie es ist, aber wir haben in den letzten fünf Jahren 300 Konzerte in 10 verschiedenen Ländern gespielt. Wir wissen, was Menschen für Augen machen, wenn man bestimmte Kombinationen auf der Bühne anschlägt. Das ist ein ganz anderes Wissen, Erfahrungswissen, praktisches Wissen, das unschlagbar ist. Und ich glaube auch, wenn man sich anschaut, wie die Punk-Kultur, die am Anfang eine Subkultur war, die etwas Widerständisches hatte, was daraus für unfassbar starke Marken hervorgingen. Das ganze Vivian Westwood Ding, die im Endeffekt am Ende in diesem Bereich einfach unfassbar viele Erfahrungen gesammelt hat und dann einfach so in dieses total genormte Wirtschaftsding gekommen ist und einfach keine Probleme hatte, weil sie alles schon kannte. Ich meine asozialer als in subkulturellen Umständen zu arbeiten, geht überhaupt nicht. Du hast ja nichts. Du hast keine Arbeitszeiten, oder es ist immer Arbeit, was du machst. Du hast überhaupt keine Form von Sicherheit. Alles führt auf deine Person zurück. Wenn ich einen Popsong schreibe und mir jemand sagt, dass das scheiße ist, dann verletzt mich das persönlich. Es ist ja nicht so, dass ich dann sage, ahja stimmt, dann mach ich da dur oder moll, oder so was. Ich reagiere ja nicht technisch darauf, ich reagiere persönlich darauf. Wenn wir Werbesongs machen, ist das gar nicht so. Das ist mir voll wurscht. Das ist eher so, dass ich dann denke, ja wieso nicht? Wenn ich jemandem einen Song zeige und der mir sagt, ne finde ich voll scheiße, dann denke ich mir so du Wichser, fuck, warum gefällt dir das nicht? Vielleicht habe ich mich getäuscht und das ist gar nicht geil, das macht mich dann völlig fertig. Ich glaube diese harte emotionale Eingebundenheit ist auch so ein Ding von subkulturellem Unternehmertum. Wenn Simens ein Atomkraftwerk-Deal platzt und die verdienen 400 Millionen weniger in einem Quartal, dann tut es ein paar Leuten leid, ein paar Leuten verlieren ihren Job und den allermeisten Leuten ist es wurscht. Wenn ich ein Konzert irgendwo nicht spielen kann oder darf, dann bin ich eine Woche schlecht drauf.

Und warum machst du es dann gerade trotzdem? Trotz all dieser negativen Punkte?

Erstens, weil ich nicht anders kann. Ich bin ein ziemlich bockiger Mensch. Und ich habe mir das irgendwann mal eingebildet und ich komme aus der Sache nicht mehr raus. Also die Art zu leben, wie ich lebe, das ist die einzige Art, wie ich leben kann. Dieses ganze vom Hundertsten ins Tausendste zu kommen, die ganze Zeit etwas Neues zu machen, immer so Spinnereien, die ganze Zeit planen und immer so einen neuen, coolen Jungs ein neues Baumhaus bauen, das ist eigentlich total kindisch, was ich mache. Die emotionale Ausstrahlung ist bei mir viel stärker. Mir ist ein Hunnie, den ich bei einem Konzert verdiene so viel mehr wert als 400€, die ich für zwei Tage beim BR bekomme. Das Geld hat eine ganz andere Wertigkeit. Das habe ich dann im Geldbeutel und finde das dann ganz cool, dass es da drin ist und will es dann auch nicht so einfach raushauen. Und das Geld, das auf meinem Konto ist das ist dann hier so [macht Pfeif-Geräusch], davon kaufe ich mir dann neue Platten. Das ist eine ganz andere Einstellung.

Und es ist natürlich auch so, dass ich in meinen frühesten Jahren total isoliert war. Auch von meiner Familie auch von meinem Stiefvater. Und Musik hat mich immer da rausgeholt. Ich konnte damals schon ganz gut singen und habe deshalb Aufmerksamkeit bekommen. Auch in der Schule. Ich war so total der schlimme Schüler. Aber ich konnte total schön singen und das hat die Leute immer so ein bisschen versöhnt. Das war echt komisch. Und ich konnte halt voll gut Fußball spielen. Und weil ich bis ich so zehn war mega strark gestottert habe, also ich konnte kaum mit Leuten sprechen, bin ich voll hoft im Keller gehockt und habe Beatles gehört. Und das hat bei mir so ein Verlagen ausgelöst und so eine Vison erschaffen, dass ich da machen will. Ich habe dann schon so mit 8/9 mir aus Englischlexika Sachen rausgeschrieben. Habe dann immer meine Mum gefragt, wie man das ausspricht und habe dann mit der Gitarre. Oder so Bandplakate gezeichnet oder so. Und diese ganze Vision, die stellt die ganze Zeit Ansprüche an mich. Die sagt die ganze Zeit, hey wenn du da wirklich hinwillst, das ist so der Pfad der Erleuchtung, ich muss da echt hin. Und das führt auch immer dazu, dass ich Sachen noch ausschlage. Zum Beispiel der Brass Banda Sänger wollte damals auch, dass ich bei denen mitsinge. Und da war das schon ziemlich abzusehen, dass das total erfolgreich wird. Und ich so ne, Mann, kommt nicht in Frage. Weil ich genau wusste, dass es alles kaputt machen würde, was ich mir bis dahin aufgebaut hatte.

Das was du mit dem Panama produzierst, das ist ja für eine subkulturelle interne Ökonomie. Und so Auftragsarbeiten für eine Werbeindustrie, die deine Fähigkeiten aus der Subkultur nutzen wollen. Würdest du sagen, dass das die zwei Säulen deiner wirtschaftlichen Existenz sind? Eine subkulturinterne Ökonomie und eine Kulturindustrie, die dein subkulturelles Wissen anzapfen möchte?

Ich glaube, ich stehe immer mit einem Bein in beiden Bereichen. Ich bin so ein, Gatekeeper ist das falsche Wort, aber ich bin so ein Gateholder. Für mich ist das Panama zum Beispiel eine Möglichkeit für Menschen, die noch nicht so tief in solche Sachen eingestiegen sind, da Zugang zu finden. Deshalb finde ich auch, dass es nicht zu abgefahren oder zu krass sein darf, weil ich nicht will, dass es dann ein totales Kunstding ist, bei dem dann nur so super Hipster dastehen und Sekt trinken und so sagen, das finde ich abgefahren. Alle anderen sagen so, ihr spinnt. Da sehe ich nicht so, das interessiert mich nicht so. Beim BR ist es so, dass ich Sachen aus dem einen Bereich in den anderen Bereich verkaufen kann. Und deshalb in diesem Bereich auch Verständnis verschaffen kann. Wenn ich als Band Musik mache, dann bin ich ja auch angewiesen auf den anderen Bereich. Wenn ich für Aloa Songs schreibe, dann will ich ja, dass die überall im Fernsehen laufen. Ich will auch gern auf großen Festivals spielen und, dass da Leute unten stehen, die das verstehen oder ob sie dann nur Bier saufen und rumgrölen, darauf hat man dann keinen Einfluss mehr. Ich weiß nicht, ob es bei jedem so ist. Bei der Zera zum Beispiel ist es viel mehr verhaftet in einem subkulturellem Schaffen. Ich bin immer in beiden Welten eigentlich.

Ja, bei der Zera stimmt das am Anfang schon. Aber was sie jetzt vor hat, ist eine Agentur für proaktive Zwischennutzung zu gründen. Mit genau dieser Kompetenz zu wissen, wie man eine Zwischennutzung macht. Die Leute zusammenbringen können, die so eine Zwischennutzung kreativ füllen können. Damit will sie dann entweder auf Immobilienbesitzer zugehen, die gerade etwas frei haben, oder auf die Stadt selbst. Und sie ist gerade in dem Prozess, dabei zu verstehen, was genau ihr Wert ist.

Ich habe mich auch zu vielen Sachen wie dem Panama geäußert, und dem ganzen Subkultur-Thema und kann mich jetzt dabei gar nicht mehr ernst nehmen. Das merke ich daran, wenn ich jüngeren Leuten zuschaue, wie bei diesen München ist Dreck Sachen. Ich lerne an ihrem Verhalten ganz viel über mein Verhalten von damals. Nämlich, dass immer alles so darauf ausgelegt ist, in München geht nichts, in München geht nichts, in München geht nichts. Wo sind die Künstler? Für mich ist es eigentlich so: Wo sind die normalen Menschen in

München? Ich habe nur mit Leuten zu tun, die in irgendwelchen Bands spielen, die DJs sind, Videos machen, malen oder so was. Immer wenn ich die Posts von ihr lese, dann denke ich so check doch einfach, dass sich das in deinem Alterssegment noch nicht so entfaltet hat und dass alles schon da ist. Ich glaube, bei mir war es damals ähnlich. Dass dieser ganze Drang, etwas aufzubauen, etwas mit Persönlichkeit zu tun hat. Dass man da selber Teil davon sein will und dass man da selber die ganze Zeit, Leute anzuschubsen. Und bei der Zera ist es auch so. Und das ist so ein ganz komischer Teil an der Subkultur und Kunstgeschichte, dass es auf eine ganz krude Art und Weise immer selbstreferenziell ist. Also niemand macht das Ganze, weil er Jesus ist, sondern jeder macht das, um wahrgenommen zu werden. Die Leute, die da coole Sachen machen, und die machen das auch, weil sie Ziele haben, die nicht unbedingt monetär sind, aber vielleicht weil sie Aufmerksamkeit wollen. Wenn bei einer Persönlichkeit vorherrscht, dass es eigentlich mehr um Aufmerksamkeit geht als um Geld. Ein Bekannter von mir, der verkauft gerade eine Firma. Und der hat mir erzählt, die ganzen Leute, mit denen er zu tun hat, die haben einen Haufen Kohle, die treffen da nur Millionäre. Und die sagen alle, mach bloß keine Fotos. Die wollen überhaupt nicht in der Öffentlichkeit stehen, die wollen nur Geld. Das sagen die auch. Bei so Politikern, der denkt, er hat Macht, aber in Wirklichkeit habe ich zehn Mal so viel Geld wie er. Ich kann ihm den Geldhahn zudrehen. Ich habe ne Yacht und nächsten Monat fahre ich nach Sri Lanka und lasse mich da von unserem Personal bedienen. Also die gehen genau den anderen Weg. Für die ist nicht in der Öffentlichkeit zu stehen und voll viel Kohle zu haben das Allergeilste. Das totale Gegenteil von mir zum Beispiel auch. Wobei, ich selbst in der Öffentlichkeit zu stehen, mache ich auch nicht so gern. Aber ich finde es geil, dass Leute meine Musik hören. Oder dass ich Leute auf irgendeine Weise zum Nachdenken bringe. Dass ich einen Text schreibe und irgendwer liest ihn Zuhause. Die Vorstellung, ich habe jetzt ein Bild gemalt und irgendwer hat das für 100€ gemalt und schmeißt es danach weg.

Okay Flo, also von meine Seite wäre es das. Hast du noch was, das du sagen willst?

Ne, also während des Gesprächs ist mir klar geworden, dass so die emotionale Komponente mit die wichtigste ist. Dass man sich nur in diesen Bereich reingeht, wenn man so starke persönliche Bedürfnisse hat. Man geht nicht in den Bereich, man versteht sich am Anfang ja auch nicht als Unternehmer. Als ihr die ersten Hauskonzerte-Sachen gemacht habt, wart ihr da Unternehmer? Da habt ihr gesagt, hey wir haben Bock zu filmen. Da wart ihr zuerst Filmer und dann ging es plötzlich los und dann wurde es plötzlich mehr und dann checkt man plötzlich so, ich hab ja voll das Business am Laufen. Normalerweise ist es andersrum, dass man denkt, man muss Anträge schreiben und den ganzen Scheiß.